Mise en p.

Manuel de grammaire et d'expression écrite

Cahier d'exercices

Mise en pratique

Manuel de grammaire et d'expression écrite

Cahier d'exercices

Alain Favrod
Department of French Studies, York University

Lynn Penrod
President, Social Sciences and Humanities Research Council

Addison-Wesley Publishers Limited

Don Mills, Ontario • Reading, Massachusetts • Menlo Park, California
New York • Wokingham, England • Amsterdam • Bonn
Sydney • Singapore • Tokyo • Madrid • San Juan

EXECUTIVE EDITOR:	Joseph Gladstone
MANAGING EDITOR:	Linda Scott
ACQUISITIONS EDITOR:	John Clelland
EDITOR:	Trish Brown
DESIGN:	Anthony Leung
PRODUCTION:	Melanie Pequeux
MANUFACTURING:	Angela Booth Malleau
PRINTING AND BINDING:	Webcom

Canadian Cataloguing in Publication Data

Favrod, Alain M.
  Mise en pratique : manuel de grammaire et d'expression
écrite, deuxième edition. Cahier d'exercices

Supplement to: Favrod, Alain M. Mise en pratique : manuel
de grammaire et d'expression écrite. 2e ed.
Includes bibliographical references and index.
ISBN 0-201-58718-1

1. French language - Grammar - Problems, exercises, etc.
2. French language - Composition and exercises.
3. French language - Textbooks for second language
learners - English speakers.* I. Penrod, Lynn Kettler, 1946- .
II. Title.

PC2112.F38 1995   448.2'421   C95-930496-7

ISBN 0-201-58718-1

Printed and bound in Canada

  B C D E - WC - 99 98 97 96

Table des matières

CHAPITRE 1

Le présent
L'impératif

1 LE PRÉSENT DE L'INDICATIF

1A Mettez chaque verbe au présent de l'indicatif et à la forme indiquée par le pronom. N'oubliez pas d'élider la voyelle qui précède un *h* muet ou une autre voyelle. (Voir Tableaux 1.1, 1.4 et 1.7 du Chapitre 1.)

1. tu (se rendre) _____
2. nous (grandir) _____
3. vous (vendre) _____
4. je (habiter) _____
5. nous (réfléchir) _____
6. elles (accepter) _____
7. elle (attendre) _____
8. il (pâlir) _____
9. tu (chercher) _____
10. je (arriver) _____

1B Mettez chaque verbe au présent de l'indicatif et à la forme négative.

1. je (confondre) _____
2. elles (réfléchir) _____
3. nous (réparer) _____
4. je (aider) _____
5. tu (descendre) _____
6. elle (s'habiller) _____
7. nous (se reposer) _____
8. vous (s'embêter) _____
9. ils (se réveiller) _____
10. elles (s'entendre) _____

1C Donnez le présent de l'indicatif de chaque verbe.

1. elles (découvrir) _____
2. nous (offrir) _____
3. je (souffrir) _____
4. tu (couvrir) _____
5. vous (recouvrir) _____
6. tu (dormir) _____
7. il (faire) _____
8. je (mourir) _____
9. nous (craindre) _____
10. ils (mettre) _____
11. nous (promettre) _____
12. je (compromettre) _____
13. il (suivre) _____
14. ils (être) _____
15. elle (avoir) _____
16. on (connaître) _____
17. elle (savoir) _____
18. nous (savoir) _____

1D Complétez le passage ci-dessous en mettant les verbes pronominaux au présent de l'indicatif. (Voir Tableau 1.10, p. 15.)

Le matin, je _____ (**1.** se réveiller) à sept heures mais je ne

_____ (**2.** se lever) que dix minutes plus tard. Je

_____ (**3.** se laver), je _____ (**4.** s'habiller),

et je _____ (**5.** se peigner). Ensuite, je réveille ma mère et nous

mangeons ensemble. Nous _____ (**6.** se parler) beaucoup,

parfois nous _____ (**7.** se taquiner) mais nous

_____ (**8.** ne jamais se disputer) parce que nous sommes de bonnes

amies. Finalement, nous _____ (**9.** se dépêcher) pour arriver à

prendre le bus à huit heures. Nous _____ (**10.** ne jamais se tromper) de

numéro de bus parce que ça fait cinq ans que nous le prenons.

1E Certains verbes en *er* présentent des particularités orthographiques auxquelles vous devez faire attention. Mettez chaque verbe aux formes indiquées au présent de l'indicatif. (Voir Tableau 1.3, p. 6.)

1. achever

    je _____   nous _____

    elle _____   vous _____

    elles _____

2. mener

    je _____   nous _____

    tu _____   vous _____

    on _____

3. geler

    je _____   nous _____

    il _____   vous _____

    ils _____

4. placer

    je _____   nous _____

    tu _____

    vous _____

5. annoncer

    je _____   nous _____

    vous _____

    elles _____

6. juger

    je _____   nous _____

    tu _____

    vous _____

7. loger

    je _____   nous _____

    tu _____

    vous _____

8. épeler

    je _____   nous _____

    tu _____   vous _____

    on _____

9. rejeter

    tu _____   nous _____

    on _____   vous _____

    elles _____

10. rappeler

    je _____   nous _____

    tu _____   vous _____

    elles _____

11. payer

    tu _____   nous _____

    il _____   vous _____

    elles _____

12. vouvoyer

    je _____   nous _____

    tu _____   vous _____

    on _____

13. s'essuyer

    je _____   nous _____

    elle _____   vous _____

    ils _____

14. céder

    je _____   nous _____

    tu _____   vous _____

    on _____

15. tolérer

    tu _____   nous _____

    on _____   vous _____

    ils _____

1F Mettez chaque verbe au présent de l'indicatif. Révisez les verbes irréguliers et leurs dérivés.

1. Vous _____ (faire) un gâteau?

2. Elle _____ (avoir) peur des chiens.

3. Nous _____ (écrire) à nos parents tous les quinze jours.

4. Tu _____ (craindre) le pire?

5. Les Français _____ (conduire) trop vite et ils _____ (avoir) beaucoup d'accidents.

6. Les étudiants à l'université _____ (suivre) d'habitude cinq   cours.

7. Vos cousins _____ (vivre) à Montréal depuis longtemps?

8. Qu'est-ce que vous _____ (lire) le soir?

9. Je suis tellement myope que je ne _____ (voir) rien sans mes lunettes.

10. Nous _____ (croire) en Dieu mais eux ne _____ (croire) en rien.

11. Mais que _____ (dire) -vous? C'est dingue!

12. Elles _____ (dire) toujours la vérité.

13. Nous _____ (faire) nos devoirs.

14. Ils _____ (défaire) leurs valises parce qu'ils _____ (ne plus partir).

15. Elles _____ (refaire) leur composition parce que le professeur leur a donné une mauvaise note.

16. _____ (avoir) -vous de l'argent?

17. Oui, je _____ (avoir) dix dollars à vous prêter.

18. Nous _____ (aller) voir un film ce soir.

19. _____ (aller) -tu en France cet été?

20. Elle _____ (ne pas connaître) mes parents.

21. À l'heure du dîner, je _____ (mettre) la table.

22. Les enfants _____ (dormir) de dix à douze heures par nuit.

23. Qu'est-ce que ta mère _____ (servir) comme dessert à Noël?

24. Elle _____ (apprendre) l'italien à l'école.

25. Nous _____ (ne pas se comprendre) très bien.

26. On _____ (se méprendre) parfois sur les qualités des autres.

27. Vous _____ (être) content d'avoir fini votre travail?

28. Nous _____ (être) ici pour négocier les termes du contrat.

29. Elle _____ (courir) tous les jours pour rester en bonne forme.

30. Les navires _____ (parcourir) les mers.

31. Leur chien _____ (accourir) les accueillir quand ils rentrent chez eux.

32. On _____ (plaindre) les enfants dont les pères sont absents à cause de leur travail.

33. Ils _____ (peindre) des paysages.

34. Nous _____ (ne plus se plaindre) de notre situation.

35. Le détective _____ (poursuivre) le criminel.

36. Elle _____ (venir) d'arriver.

37. Je ne vous _____ (retenir) pas.

38. À quelle heure _____ (revenir) -vous ce soir?

39. Il _____ (devenir) de plus en plus méchant avec ses amis.

40. Nous _____ (tenir) beaucoup à vous.

41. Ils _____ (ne plus pouvoir) sortir au restaurant parce qu'ils _____ (ne plus avoir) d'argent.

42. Elle _____ (pouvoir) venir à cinq heures passer son examen.

43. Nous _____ (vouloir) vous aider.

44. Elles _____ (vouloir) s'en aller.

45. Nous _____ (ne pas rire) quand il _____ (pleuvoir). Il _____ (falloir) attendre le beau temps pour être heureux.

46. En hiver, nous _____ (boire) souvent du chocolat chaud, mais en été nous _____ (prendre) du thé glacé.

47. Combien d'argent est-ce que je vous _____ (devoir)?

48. Est-ce que cette musique vous _____ (plaire)?

49. Je _____ (recevoir) beaucoup de courrier cette année.

50. Avez-vous l'impression qu'elle _____ (decevoir) ses parents?

1G Complétez le proverbe en utilisant le présent de l'indicatif des verbes indiqués entre parenthèses.

1. Mieux _____ (valoir) tard que jamais.

2. Qui _____ (se ressembler) _____ (s'assembler).

3. Pierre qui _____ (rouler) _____ (ne pas amasser) mousse.

4. Absent le chat, les souris _____ (danser).

5. À chacun son fardeau _____ (peser).

6. _____ (aider/tu/impératif) et le ciel t'aidera.

7. Chacun _____ (valoir) son prix.

Maintenant, trouvez le proverbe anglais qui correspond à chaque proverbe français.

    a. Birds of a feather flock together.
    b. When the cat's away the mice will play.
    c. Better late than never.
    d. Everyone feels his own burden heavy.
    e. Help yourself and heaven will help you.
    f. Every man has his price.
    g. A rolling stone gathers no moss.

1H Mettez les phrases déclaratives ci-dessous à la forme interrogative en utilisant quatre façons différentes de poser une question. N'oubliez pas le *t* euphonique qui doit être placé entre une forme verbale terminée par une voyelle et le pronom *il, elle* ou *on* quand on fait l'inversion. (Voir p. 19.)

1. Il aime travailler pour gagner de l'argent.

   i) (intonation) _____.

   ii) (*est-ce que*) _____.

   iii) (inversion) _____.

   iv) (un mot interrogatif) _____.

2. Elle se lève à six heures du matin.

   i) (intonation) _____.

   ii) (*est-ce que*) _____.

   iii) (inversion) _____.

   iv) (un mot interrogatif) _____.

3. Nous allons la voir ce soir.

   i) (intonation) _____.

   ii) (*est-ce que*) _____.

   iii) (inversion) _____.

   iv) (un mot interrogatif) _____.

1I Indiquez cinq actions habituelles que vous faites en rentrant le soir. Utilisez le présent.

Le soir en rentrant, je _____

_____

_____

_____

_____

_____.

1J Composez une phrase avec *depuis* + période de temps.
Récrivez cette phrase en utilisant les synonymes de *depuis*, c'est-à-dire *il y a...que*, *ça fait...que*, *voici...que* et *voilà...que.* (Voir p.18.)

1. _____.

2. _____.

3. _____.

4. _____.

5. _____.

2A Rappelez-vous que les verbes en *er* et les verbes *offrir, couvrir, découvrir, ouvrir, souffrir* et *recouvrir* n'ont pas de *s* à la forme *tu* de l'impératif. (Voir Tableaux 1.11 et 1.12, p. 21.)

1. chanter [tu] _____ !

2. parler [tu] _____ !

3. arrêter [tu] _____ !

4. danser [tu] _____ !

5. ouvrir [tu] _____ !

6. offrir [tu] _____ !

Attention aux formes irrégulières suivantes!

7. avoir [tu] _____ ! [nous] _____ !

8. savoir [tu] _____ ! [nous] _____ !

9. être [tu] _____ ! [nous] _____ !

10. vouloir [vous] _____ !

Et maintenant quelques verbes dont les formes de l'impératif correspondent aux personnes *tu, nous* et *vous* du présent de l'indicatif.

11. faire [tu] _____ ! [nous] _____ !

12. vendre [tu] _____ ! [nous] _____ !

13. attendre [tu] _____ ! [nous] _____ !

14. finir [tu] _____ ! [nous] _____ !

15. écrire [tu] _____ ! [nous] _____ !

16. lire [tu] _____ ! [nous] _____ !

17. aller [tu] _____ ! [nous] _____ !

18. dire [tu] _____ ! [nous] _____ !

Donnez l'impératif négatif des verbes suivants.

19. ne pas entrer [tu] _____!

20. ne pas fumer [vous] _____!

21. ne plus me parler [tu] _____!

22. ne jamais prendre de drogue [vous] _____!

23. ne pas partir [nous] _____!

24. ne pas avoir peur [vous] _____!

25. ne rien dire [vous] _____!

26. ne rien manger [tu] _____!

27. ne rien acheter [nous] _____!

28. ne pas dormir [vous] _____!

Avec les verbes pronominaux à l'impératif affirmatif, n'oubliez pas d'utiliser le pronom réfléchi et de le mettre après le verbe. (Voir Tableau 1.13, p. 22.)

29. se lever [tu] _____! [nous] _____!
30. se laver [tu] _____! [nous] _____!
31. s'habiller [tu] _____! [nous] _____!
32. s'asseoir [tu] _____! [nous] _____!

Mettez les verbes pronominaux suivants au négatif. Attention à la place du pronom. (Voir Tableau 1.14, p. 24.)

33. Soyons sages, _____ (se disputer).
34. _____ (s'asseoir/vous), la chaise est cassée.
35. _____ (s'endormir/tu), il n'est que sept heures du soir.
36. _____ (se reposer/tu), il y a beaucoup de travail à faire.
37. _____ (se dépêcher/nous), nous avons déjà manqué le bus.

Quelques impératifs sont employés comme interjections. Écrivez une phrase logique avec les mots suivants. (Voir p. 23.)

38. Tiens! _____
_____.

39. Allez, _____
_____.

40. Dis donc, _____
_____.

41. Voyons! _____
_____.

42. Allons, allons, _____
_____.

2B Composez la recette de votre plat favori. N'utilisez que des infinitifs.

_____

_____

_____

_____

_____

_____

_____

_____

_____

_____

_____

_____

_____

2C Composez à chaque fois deux phrases qui montrent bien l'emploi de l'impératif indiqué. (Voir p. 24.)

1. un ordre direct

_____

_____

2. des indications ou des directives

_____

_____

3. un souhait ou un conseil

_____

_____

4. une demande exprimée avec politesse (verbe _vouloir_)

_____

_____

5. une interdiction

_____

_____

6. une suggestion (forme _nous_)

_____

_____

3A Il existe plusieurs présents en anglais tandis qu'en français il n'y en a qu'un. Traduisez les phrases suivantes pour mieux comprendre cette différence entre les deux langues.

ANGLAIS   FRANÇAIS

1. He is singing now.   _____

    He sings on Sundays.   _____

    He does sing sometimes.   _____

2. Is she studying right now?   _____

    She studies on Sundays?   _____

    Does she study sometimes?   _____

3. They are fighting now.   _____

    They fight often.   _____

    Do they fight sometimes?   _____

3B Utilisez *venir de* + infinitif dans cet exercice. (Voir p. 17.)

ANGLAIS   FRANÇAIS

1. I have just eaten.   _____
2. We have just arrived.   _____
3. They just got married.   _____
4. I have just written a letter.   _____
5. You have just seen a movie?   _____

3C Utilisez le futur proche avec *aller* + infinitif dans cet exercice. (Voir p. 18.)

ANGLAIS   FRANÇAIS

1. She is going to eat in five minutes.   _____

                                            _____

2. We are going to see a film tonight.   _____

                                            _____

3. They are going to get married.

_____

_____

4. He is going to write a novel.

_____

_____

5. You are going to leave soon?

_____

_____

3D Utilisez *depuis* + le présent de l'indicatif dans cet exercice. (Voir p. 18.)

1. I have been smoking for five years.

_____

_____

2. We have been writing to each other for three months.

_____

_____

3. He has been working at the same factory for six years.

_____

_____

4. She has been learning French since September.

_____

_____

3E Utilisez *être en train de* dans la traduction pour décrire une action qu'on a déjà commencée mais qui n'est pas encore terminée. (Voir p. 17.)

ANGLAIS   FRANÇAIS

1. He is reading.   _____
2. They are eating.   _____
3. She is writing a letter.   _____
4. You are studying?   _____
5. She is explaining the situation.   _____

4A Composez de petits paragraphes avec les éléments indiqués.

1. (d'abord, ensuite, finalement)

_____
_____
_____
_____
_____
_____

2. (en premier lieu, par ailleurs, en outre, ainsi)

_____
_____
_____
_____
_____
_____

3. (d'abord + *aller* → infinitif, puis + *aller* → infinitif, enfin + *aller* → infinitif)

_____
_____
_____
_____
_____
_____
_____

4B Trouvez une réclame dans une revue et composez le texte publicitaire français qui servira à vendre ce produit. Utilisez le présent de l'indicatif et l'impératif.

_____
_____
_____
_____
_____
_____

CHAPITRE 2

Les noms
Les articles

1 LES NOMS

1A Indiquez le genre des noms selon leur terminaison.

1. communisme _____
2. rue _____
3. sarcasme _____
4. voyage _____
5. plage _____
6. journée _____
7. folie _____
8. couleur _____
9. nation _____
10. danseur _____

11. chapeau _____
12. déesse _____
13. solitude _____
14. pitié _____
15. passoire _____
16. avion _____
17. devoir _____
18. cheval _____
19. palmier _____
20. incident _____

1B Indiquez le sens des noms à double genre ci-dessous.

1. [m] poêle _____
   _____

   [f] poêle _____
   _____

2. [m] mort _____
   _____

   [f] mort _____
   _____

3. [m] critique _____
   _____

   [f] critique _____
   _____

4. [m] voile   _____

    [f] voile   _____
                _____

5. [m] vase   _____

    [f] vase   _____
                _____

6. [m] poste   _____

    [f] poste   _____
                _____

7. [m] tour   _____

    [f] tour   _____
                _____

8. [m] somme   _____

    [f] somme   _____
                _____

9. [m] livre   _____

    [f] livre   _____
                _____

10. [m] moule   _____

    [f] moule   _____
                _____

1C Donnez le féminin des noms d'animaux ci-dessous. (Voir p. 39.)

1. le chien   _____
2. le canard   _____
3. le singe   _____
4. le bœuf   _____
5. le loup   _____
6. le mouton   _____
7. le cerf   _____

8. le dindon _____

9. le cochon _____

10. le chat _____

11. le cheval _____

12. le coq _____

13. le bélier _____

Attention! Certains noms d'animaux n'ont pas de désignation différente pour l'animal du sexe opposé. On ajoute tout simplement *mâle* ou *femelle* pour désigner le genre. Donnez l'animal du sexe opposé. (Voir p. 39.)

14. une souris _____

15. un rhinocéros _____

16. un rat _____

1D Dans le passé, la langue française n'acceptait que la forme du masculin de certains noms, surtout dans le cas de professions où n'étaient représentées que peu de femmes. Donnez la forme du féminin utilisée maintenant au Canada. (Voir p. 38.)

1. un professeur une _____

2. un auteur une _____

3. un écrivain une _____

1E Certains noms sont toujours masculins, d'autres sont toujours féminins peu importe la personne dont on parle. Utilisez chaque nom dans une phrase. (Voir p. 38.)

1. une victime _____

_____

2. une personne _____

_____

3. un chef _____

_____

4. un bébé _____

_____

5. un mannequin _____

_____

1F   Donnez cinq noms qui s'appliquent à l'homme ou à la femme sans changer de forme.

1. _____
2. _____
3. _____
4. _____
5. _____

1G   Dans les phrases suivantes, mettez les mots soulignés au masculin.
Attention aux formes irrégulières!

1.   La mère et la tante sont parties ce matin.

_____

2.   La marraine déteste la reine parce que celle-ci est sa sœur.

_____

3.   L'héroïne aimerait être une princesse ou bien une comtesse.

_____

4.   Ma copine est ma meilleure compagne.

_____

1H   Indiquez la lettre qui correspond à chaque définition.

1.   Il nous coupe les cheveux.   a.   un écrivain
2.   Elle fait du pain.   b.   un diplomate
3.   Elle chante.   c.   une victime
4.   Elle joue un rôle dans un film.   d.   une vedette
5.   Il est le meilleur acteur du film.   e.   un coiffeur
6.   Il écrit un roman.   f.   un secrétaire
7.   Il a été agressé.   g.   une patronne
8.   Il travaille pour le gouvernement.   h.   une boulangère
9.   Il tape des lettres.   i.   une actrice
10. Elle gère une entreprise.   j.   une chanteuse

1I   Donnez le pluriel des noms suivants. (Voir pp. 42-43.)

1.   un lit   _____
2.   une table   _____
3.   un journal   _____
4.   un récital   _____
5.   un trou   _____

6. un bijou   _____

7. un travail   _____

8. un détail   _____

9. un Canadien   _____

10. un Français   _____

11. un monsieur   _____

12. mademoiselle   _____

13. un jeune homme   _____

14. le ciel   _____

15. un œil   _____

Attention aux noms composés! (Voir pp. 43-44.)

16. le grand-père   _____

17. l'ouvre-bouteilles   _____

18. le va-et-vient   _____

19. le gratte-ciel   _____

20. le réveille-matin   _____

21. le porte-monnaie   _____

22. l'arc-en-ciel   _____

23. un timbre-poste   _____

24. un couvre-lit   _____

25. un porte-manteaux   _____

2 LES ARTICLES

2A Mettez l'article défini qui convient et dites s'il s'agit d'un *h* aspiré (A) ou d'un *h* muet (M). (Voir Tableau 2.1, p. 44.)

1. _____ hausse   8. _____ hockey

2. _____ humour   9. _____ héros

3. _____ humeur   10. _____ héroïne

4. _____ Hollande   11. _____ hâte

5. _____ habit   12. _____ harpe

6. _____ herbe   13. _____ histoires

7. _____ hanche   14. _____ homards

2B
Composez des phrases au présent avec les éléments indiqués. Incorporez les articles et les prépositions qui manquent et n'oubliez pas de faire les contractions si cela est nécessaire. Ajoutez également la ponctuation et les majuscules appropriées. (Voir pp. 44-48.)

1. professeur/donner/un examen/étudiants

_____

_____

2. nous/parler/médecin/à propos de/ces médicaments

_____

_____

3. elle/travailler/samedi/depuis un an

_____

_____

4. enfant/avoir peur de/chiens

_____

_____

5. ils/parler/français/maison/et/étudier/latin/université

_____

_____

6. mon anniversaire/être/4 janvier

_____

7. livre/que/je/préférer/appartenir/Mme Lelonde

_____

8. elles/visiter/France/Suisse/Mexique

_____

9. année passée/taux de chômage/augmenter

_____

_____

10. avant/se coucher/faut/se brosser/dents

_____

_____

11. jeudi/prochain/nous/aller/bibliothèque

_____

_____

12. Révolution française/commencer/1789

_____

13. elle/acheter/robe/manteau/soulier/qu'elle voulait

_____

_____

14. nous/aller/États-Unis

_____

15. nous/profiter/expérience

_____

16. lait/coûter/cinq francs/litre

_____

17. je /se laver/mains

_____

18. Loire/être/plus long fleuve/de France

_____

_____

19. voilà/plus belle fille/monde

_____

20. je/aller/vous voir/mardi/avant mon départ

_____

21. nous/avoir/dictées/tous/jours/dans/cours de français

_____

_____

22. il/préparer/bons/plats.

_____

23. il/ne pas vouloir/vacances

_____

24. je/prendre/médicaments/pour/mon rhume

_____

_____

25. ils sont/tous les deux/musulmans

_____

_____

26. il y a/fruits/et/légumes/dans/frigo

_____

27. pour faire/crêpes/il faut/farine/œufs/lait/sucre/beurre

_____

_____

28. hockey/être/sport/fascinant

_____

29. son frère/avoir souvent mal/dents

_____

30. Canada/hiver/on/devoir souvent enlever/neige

_____

_____

2C   Dites si le mot *de* est un article indéfini ou une préposition. (Voir p. 48.)

   1.   Elle a acheté **de** belles chaussures.
   2.   **De** nombreux étudiants ont raté leurs examens cette année.
   3.   Au fond **de** mon cœur je suis lâche.
   4.   On a installé notre table au bord **de** l'eau.
   5.   Elle racontait **de** bonnes anecdotes.

Dites si le mot *des* est un article indéfini ou un article défini contracté (préposition *de* + *les*). (Voir p. 48.)

   6.   Avez-vous besoin **des** livres qui sont sur la table?
   7.   **Des** enfants couraient dans la rue.
   8.   Il a peur des chiens et **des** chats.
   9.   L'être humain a **des** qualités et **des** défauts.
 10.   Le vendredi je participe à **des** séminaires intéressants.

2D   Expliquez l'absence de l'article défini dans la partie soulignée. (Voir pp. 53-55.)

   1.   Je reviens <u>de Paris</u>.
   2.   Il est sorti <u>sans manteau</u>.
   3.   Elle a envie d'aller <u>en France</u>.
   4.   Il m'a embrassée <u>avec passion</u>.
   5.   Je dois <u>beaucoup d'argent</u> à mes parents.
   6.   Mon mari a trouvé mon <u>livre de français</u>.
   7.   Le jardin était <u>entouré d'arbres</u>.
   8.   Marie-Antoinette, <u>dernière reine</u> de France avant la Révolution, a été guillotinée en 1793.
   9.   Vous n'avez <u>plus d'argent</u>?
 10.   Ma ville préférée? <u>C'est Vancouver</u>.

2E   L'article partitif s'emploie aussi pour désigner les qualités abstraites que l'on ne peut pas compter. Traduisez les phrases suivantes en utilisant l'article partitif.

She has personality.	=	Elle a de la personnalité.

   1.   They are ambitious.   =   _____
   2.   We are courageous.   =   _____
   3.   She is very patient.   =   _____
   4.   I have talent.   =   _____
   5.   He is lucky.   =   _____

Attention à la phrase négative! Récrivez les cinq phrases au bas de la page 22 à la forme négative en tenant compte du changement de l'article.

She doesn't have any personality.   =   Elle n'a pas de personnalité.

1. _____
2. _____
3. _____
4. _____
5. _____

3 TRADUCTION

Traduisez les phrases suivantes en français.

1. She is a doctor. _____
2. We always visit France when we go to Europe.

   _____

   _____

3. Life is short. _____
4. I play baseball on Saturdays.

   _____

5. The front of the building doesn't have any windows.

   _____

   _____

6. I don't have any sisters.

   _____

7. We have a dog, a cat and a horse.

   _____

8. I like soup, salad and vegetables.

   _____

9. Here are some beautiful roses.

   _____

   _____

10. The professor's remarks are interesting.

    _____

11. I have some work to do for tomorrow.

    _____

12. Do you have some change?

    _____

    _____

13. I'm taking courses in biology, math and French this year.

_____

_____

14. They never have any money.

_____

15. You are all winners.

_____

16. I need a cup of flour to make this cake.

_____

17. We had a lot of friends in those days.

_____

_____

18. The field was covered with snow.

_____

19. We talked about the past.

_____

20. Do you know how to play chess?

_____

4 EXPRESSION ÉCRITE

4A Trouvez les fautes commises dans les phrases suivantes et corrigez-les. Le nombre de fautes est indiqué entre parenthèses.

1. Il y a beaucoup des hotels dans la village. (3)
2. Madame Latour est la patrone plus méchante de la monde. (3)
3. D'habitude, on va se baigné jeudi et samedi. (3)
4. Je joues souvent du tennis. (2)
5. Elle vient de trouvé l'addresse de son amie. (2)

4B Dans le dictionnaire unilingue français de votre choix (évitez les dictionnaires de poche!), cherchez les entrées des mots ci-dessous et recopiez les renseignements suivants. (Voir Conseil 2.2, pp. 60-61.)

a. catégorie grammaticale (nom, adjectif, etc.)
b. formes (masculin, féminin, etc.)
c. prononciation (transcription phonétique)
d. sens expliqués par des définitions
e. exemples des divers emplois
f. synonymes et antonymes
g. les marques de niveau de langue (emploi familier, etc)
h. famille de mots

1. docile _____
   _____
   _____
   _____
   _____
   _____
   _____

2. vol _____
   _____
   _____
   _____
   _____
   _____
   _____

3. malgré _____
   _____
   _____
   _____
   _____
   _____
   _____

4. mépriser _____
   _____
   _____
   _____
   _____
   _____
   _____

4C Créez des phrases incorporant les éléments donnés.

1. (sujet/*ne*/verbe au présent/*pas de*/nom composé)
   _____
   _____

2. (sujet/*être en train de*/infinitif/article partitif/nom)
   _____

3. (*il y a trop de*/nom/*dans*/article défini/nom)
   _____
   _____

CHAPITRE 3

Le passé composé
Le passé simple

1 LE PASSÉ COMPOSÉ

1A Mettez les verbes au passé composé. Attention à l'auxiliaire! (Voir pp. 71-73.)

L'année dernière, je _____ (**1.** visiter) Paris. Je _____ (**2.** passer) trois semaines avec ma copine dans cette ville splendide. Nous _____ (**3.** monter) à la deuxième plate-forme de la tour Eiffel et nous _____ (**4.** aller) voir trois musées : le musée du Louvre, le musée d'Orsay et le musée Rodin. Après, nous _____ (**5.** se promener) dans le Quartier Latin. Un après-midi, nous _____ (**6.** prendre) le métro pour aller au cimetière du Père La Chaise. Je _____ (**7.** prendre) beaucoup de photos ce jour-là. Pendant les trois semaines de mon séjour à Paris, il _____ (**8.** souvent pleuvoir) et je _____ (**9.** devoir) m'abriter dans des cafés. Cela m' _____ (**10.** permettre) de faire la connaissance de plusieurs Parisiens. C'était un voyage inoubliable.

1B Donnez le passé composé des verbes suivants à la personne indiquée. Employez l'auxiliaire *avoir*. (Voir Tableau 3.1, p. 71.)

1. (vous) danser _____
2. (on) rencontrer _____
3. (je) voyager _____
4. (tu) attendre _____
5. (il) vendre _____
6. (elles) répondre _____
7. (elle) grandir _____
8. (nous) réfléchir _____
9. (vous) finir _____

Donnez le passé composé des verbes suivants à la personne indiquée. Employez l'auxiliaire *être*. (Voir pp. 72-73.)

10. (elle) venir _____

27

11. (elles) naître _____
12. (nous) sortir _____
13. (il) mourir _____
14. (on) rester _____
15. (tu) partir _____
16. (vous) tomber _____
17. (elle) entrer _____
18. (tu) descendre _____

Donnez le passé composé des verbes suivants à la personne indiquée. Employez l'auxiliaire *avoir* comme auxiliaire. Attention aux participes passés qui ont une forme irrégulière! (Voir pp. 74-75.)

19. (je) avoir _____
20. (tu) être _____
21. (elle) courir _____
22. (il) tenir _____
23. (nous) suivre _____
24. (vous) couvrir _____
25. (ils) offrir _____
26. (elles) souffrir _____
27. (je) boire _____
28. (elle) croire _____
29. (on) lire _____
30. (nous) résoudre _____
31. (il) vivre _____
32. (je) faire _____
33. (elles) conduire _____
34. (tu) rire _____
35. (vous) dire _____

1C   Donnez l'infinitif de chaque verbe.

1. elle a pu _____
2. nous avons atteint _____
3. il a démissionné _____
4. tu as rougi _____
5. vous avez été _____
6. elles ont peint _____
7. elle a prédit _____
8. il s'est mépris _____
9. ils ont souri _____
10. vous avez eu _____

1D Récrivez les phrases suivantes au passé composé.

1. Je sais la vérité. _____
2. Nous voyons un film. _____
3. Elle doit travailler. _____
4. J'aperçois une ruelle. _____
5. Pouvez-vous l'aider? _____
6. Il faut traduire en anglais? _____
7. Nous écrivons des lettres. _____
8. Nous rions. _____
9. Ce film vous plaît? _____
10. Vous voulez partir? _____

1E Faites l'accord du participe passé si nécessaire. (Voir pp. 76-78.)

1. Nous sommes rentré _____ à minuit.
2. Elles sont arrivé _____ en retard.
3. Ils sont revenu _____ au Canada l'année dernière.
4. Vous êtes allé _____ au concert, Mesdames?
5. Elle s'est cassé _____ la jambe en faisant du ski.
6. Elle s'est foulé _____ le pied en dansant.
7. Sa jambe? Elle se l'est cassé _____ en faisant du ski.
8. Ses mains? Elle se les est lavé _____ avant le repas.
9. Après cela, les années se sont succédé _____ dans le bonheur.
10. Ils se sont jeté _____ un coup d'œil complice.
11. Elles se sont écrit _____ pendant les grandes vacances.
12. Nous ne nous sommes pas vu _____ depuis cinq ans.
13. S'étant levé _____ trop tôt, la petite fille était fatiguée.
14. Les deux frères ne se sont jamais pardonné _____.
15. La robe que j'ai fait _____ faire est belle.
16. La voiture que vous avez fait _____ réparer est vieille.
17. Mme Dupont? Je l'ai entendu _____ sortir il y a cinq minutes.
18. J'ai vu _____ ta sœur tomber sur la glace.
19. Quand elle a vu _____ ses amies arriver chez elle sans prévenir, elle s'est évanoui _____.
20. Combien de livres as-tu acheté _____?
21. Combien de films est-ce que Gérard Dépardieu a tourné _____ entre 1960 et 1980?
22. J'en ai connu _____ de forts troublants.
23. Tu as pris des vitamines? Oui, j'en ai pris _____.

24. La lettre de ton père? Je n'y ai pas répondu _____.

25. Les réservations? Je n'y ai pas pensé _____.

26. Avez-vous bien mangé _____? Bien bu _____?

27. Ils n'ont pas reçu _____ la lettre que je leur ai écrit _____.

28. Vous ont-ils raconté _____ des histoires drôles?

29. Quelle langue as-tu appris _____ au lycée?

30. Laquelle as-tu appris _____ au lycée?

31. Quelles méthodes a-t-il proposé _____?

32. Lesquelles a-t-il proposé _____?

33. La leçon que je n'ai pas compris _____ figurait sur l'examen.

34. Lui a-t-il téléphoné _____?

35. Ta composition, l'as-tu fait _____?

36. Je leur ai donné _____ tous les renseignements nécessaires.

37. Je la lui ai donné _____.

38. Il s'est mis _____ à pleuvoir.

1F Mettez les phrases suivantes au passé composé et placez l'adverbe au bon endroit dans la phrase. (Voir p. 82.)

1. Tu remplis ton verre? (déjà)

   _____

2. Il pleut. (beaucoup)

   _____

3. Vous mangez. (trop)

   _____

4. Vous buvez. (assez)

   _____

5. Nous visitons la France. (souvent)

   _____

6. La secrétaire tape le document. (mal)

   _____

7. Tu travailles? (bien)

   _____

8. Elle dort. (mal)

   _____

1G Mettez les verbes entre parenthèses au passé composé. Utilisez le bon auxiliaire. (Voir p. 73.)

1. Je _____ [sortir] la voiture du garage.

2. La reine _____ [descendre] l'escalier gracieusement.

3. Elle _____ [passer] par Paris cet été.

4. Nous _____ [sortir] avec nos cousins.

5. Tu _____ [rentrer] les chaises? Une chance parce qu'il va pleuvoir!

6. Le porteur _____ [monter] nos valises.

7. Les deux voleurs _____ [monter] dans un taxi.

8. Il _____ [passer] une journée très difficile.

9. La gardienne _____ [sortir] le bébé ce matin.

10. Elle _____ [retourner] au Canada pour se marier.

11. Elle _____ [retourner] la nappe pour cacher les taches.

1H Mettez les phrases suivantes au passé composé. (Voir p. 81.)

1. Je ne mange rien. _____

2. Je ne bois rien. _____

3. Je ne vois personne. _____

4. Je ne sors jamais. _____

5. Je ne vais nulle part. _____

6. Je ne lis rien. _____

7. Je n'aime aucune émission de télévision.

_____

8. Rien d'intéressant ne m'arrive.

_____

9. Personne ne m'aime.

_____

10. Personne ne me téléphone.

_____

1I Mettez les phrases suivantes à la forme interrogative. Utilisez l'inversion. (Voir p. 81.)

1. Il a mangé tous les petits pains.

_____

2. Elle leur a téléphoné pour prendre de leurs nouvelles.

_____

3. Elle lui a rendu visite la semaine dernière.

_____

4. Il a fait son lit ce matin avant de partir.

_____

5. On a soupçonné quelque chose de louche dans cette affaire.

_____

6. Il a invité certains de ses amis chez lui.

_____

7. On a parfois essayé de tricher.

_____

8. Il y a encore eu quelque chose à faire.

_____

2 LE PASSÉ SIMPLE

2A Donnez le passé simple des verbes suivants. La conjugaison de ces verbes est régulière. (Voir Tableau 3.8, p. 84.)

1. elle a cherché _____
2. nous sommes allés _____
3. il a marché _____
4. vous avez chanté _____
5. ils ont grandi _____
6. elle a réussi _____
7. nous avons rougi _____
8. on a diverti _____
9. nous avons répondu _____
10. elle a attendu _____
11. on a défendu _____
12. j'ai confondu _____

2B Donnez le passé simple des verbes suivants. (Voir pp. 85-86.)

1. j'ai eu

_____

2. elle est venu

_____

3. on a mis

_____

4. tu as fait

_____

5. j'ai été

_____

6. elle a su

_____

7. on a répondu

_____

8. elles ont offert

_____

9. vous avez vu

_____

10. tu as dit

_____

11. nous avons bu

_____

12. nous sommes nés

_____

13. ils ont battu

_____

14. elles sont mortes

_____

15. j'ai écrit

_____

16. nous avons vécu

_____

17. il a voulu

_____

18. elle a souffert

_____

19. je suis arrivé

_____

20. elle a cru

_____

2C Donnez le passé simple des verbes suivants. (Voir p. 86.)

1. faire   je   _____
          tu   _____
          il   _____
          nous _____
          vous _____
          ils _____

2. être   je   _____
          tu   _____
          il   _____
          nous _____
          vous _____
          ils _____

3. avoir je   _____
          tu   _____
          elle _____
          nous _____
          vous _____
          ils _____

4. prendre je _____
          tu   _____
          elle _____
          nous _____
          vous _____
          ils _____

2D Mettez les verbes du passage ci-dessous au passé simple.

Quand Daniel (**1.** naître), j'avais dix-huit ans. Je (**2.** acheter) une quantité d'objets perfectionnés: baignoire pliante, chauffe-biberon à thermostat, stérilisateur. Je ne (**3.** savoir) jamais m'en servir... J'emmenais parfois Daniel dans les cafés; on l'y regardait avec surprise: ce n'était pas encore la mode. Il (**4.** être) un bébé précurseur, un bébé hippie avant la lettre. (...)

À cinq ans il (**5.** manifester) un précoce instinct de protection en criant dans le métro d'une voix suraiguë: Laissez passer ma maman. (...) À neuf ans, nous (**6.** avoir) quelques conflits. Il (**7.** refuser) d'aller à l'école, de se laver, et de manger du poisson. Un jour, je le (**8.** plonger) tout habillé dans une baignoire, un autre jour son père le (**9.** porter) sur son dos à l'école: il (**10.** hurler) tout le long du chemin. Ces essais éducatifs n'(**11.** avoir) aucun succès. À dix ans, au lycée, ayant reçu pour sujet de rédaction *Un beau souvenir*, il (**12.** écrire) ingénument : «Le plus beau souvenir de ma vie, c'est le mariage de mes parents.»

À quinze ans, il (**13.** avoir) une période yéyé. Nous (**14.** collectionner) les 45 tours. (...) Il (**15.** jouer) de la clarinette. Il (**16.** boire) un peu. À dix-sept ans il (**17.** être) bouddhiste. À dix-huit ans, il passa son bac. (...) Il (**18.** faire) 4 000 kilomètres en auto-stop, (**19.** connaître) les tribus du désert de Mauritanie, (**20.** voir) un éléphant en liberté, (**21.** voyager) à plat-ventre sur un wagon, (...). Il (**22.** revenir) pratiquement sans chaussures. Il (**23.** raser) ses cheveux et (**24.** faire) sciences économiques. Voilà la saga de Daniel.

- tiré de *La Maison de papier* de Françoise Mallet-Joris

1. _____

2. _____

3. _____

4. _____

5. _____

6. _____

7. _____

8. _____

9. _____

10. _____

11. _____

12. _____

13. _____

14. _____

15. _____

16. _____

17. _____

18. _____

19. _____

20. _____

21. _____

22. _____

23. _____

24. _____

Traduisez les phrases suivantes en français. Utilisez le passé composé à moins qu'on vous demande d'utiliser le passé simple.

1. He made three mistakes before giving up.

   _____

2. They wrote to each other for one year and then lost contact.

   _____

   _____

3. We arrived just on time for the second show.

   _____

4. Snow White ate the poisoned apple and she fell asleep. (passé simple)

   _____

   _____

5. I was not able to come to your party.

   _____

6. I must have left my wallet on the bus.

   _____

7. She tried on the dress but decided not to buy it.

   _____

   _____

8. When he stood up, he spilt his coffee.

   _____

   _____

9. We moved in the spring of 1995.

   _____

10. He turned over the steak.

    _____

11. I met her in London at the market.

    _____

12. She fell down and broke her ankle.

    _____

13. When he arrived home he got a big surprise.

    _____

    _____

14. Did you eat before coming? (tu)

    _____

15. Did you have to go to the hospital for your migraine? (vous)

    _____

    _____

16. Did you win the tennis match? (tu)

_____

17. Did you get up late this morning? (tu)

_____

4 EXPRESSION ÉCRITE

4A Faites des phrases qui montrent bien l'emploi des mots entre parenthèses.

1. (d'ailleurs) _____

_____

2. (car) _____

_____

3. (grâce à) _____

_____

4. (dans la mesure où) _____

_____

5. (toutefois) _____

_____

6. (d'une part...d'autre part) _____

_____

7. (par exemple) _____

_____

8. (néanmoins) _____

_____

4B Écrivez une petite composition dans laquelle vous racontez votre meilleur souvenir. À vous de choisir entre le passé composé et le passé simple.

_____

_____

_____

_____

_____

_____

_____

_____

_____

CHAPITRE 4

Les adjectifs
Les adverbes
La comparaison

1 LES ADJECTIFS

1A La plupart des adjectifs forment leur féminin en ajoutant un *e* au masculin. Mettez les adjectifs suivants au féminin. (Voir p. 101.)

1.	seul	_____	9.	natal	_____
2.	loyal	_____	10.	satisfait	_____
3.	fâché	_____	11.	important	_____
4.	rond	_____	12.	ébloui	_____
5.	vrai	_____	13.	bleu	_____
6.	joli	_____	14.	gai	_____
7.	dur	_____	15.	sûr	_____
8.	spécial	_____	16.	persan	_____

1B Rappelez-vous que les adjectifs qui se terminent en *e* au masculin ne changent pas au féminin. Faites une phrase intéressante avec chacun de ces adjectifs au féminin.

1. insolite _____
   _____.

2. simple _____
   _____.

3. célèbre _____
   _____.

4. sombre _____
   _____.

5. célibataire _____
   _____.

1C Certains adjectifs forment leur féminin en doublant la consonne finale du masculin et en ajoutant un *e*. Mettez chaque adjectif au féminin. (Voir p. 101.)

1.	partiel	_____	15.	intellectuel	_____
2.	cruel	_____	16.	tel	_____
3.	nul	_____	17.	solennel	_____
4.	net	_____	18.	exceptionnel	_____
5.	pareil	_____	19.	annuel	_____
6.	las	_____	20.	bas	_____
7.	gras	_____	21.	gros	_____
8.	gentil	_____	22.	italien	_____
9.	politicien	_____	23.	ancien	_____
10.	bon	_____	24.	mignon	_____
11.	épais	_____	25.	muet	_____
12.	sot	_____	26.	coquet	_____
13.	gestuel	_____	27.	vermeil	_____
14.	violet	_____	28.	quotidien	_____

Attention! Il faut se rappeler que la plupart des adjectifs ne redoublent pas la consonne finale du masculin.

1D Les adjectifs qui se terminent en *x* au masculin ont un féminin en *se*. Mettez les adjectifs suivants au féminin. (Voir p. 102.)

1.	heureux	_____	8.	amoureux	_____
2.	fiévreux	_____	9.	orageux	_____
3.	furieux	_____	10.	somptueux	_____
4.	respectueux	_____	11.	ambitieux	_____
5.	courageux	_____	12.	paresseux	_____
6.	religieux	_____	13.	jaloux	_____
7.	peureux	_____	14.	précieux	_____

Attention aux exceptions!

15.	doux	_____	17.	faux	_____
16.	roux	_____	18.	vieux	_____

1E La plupart des adjectifs qui se terminent en *eur* au masculin ont un féminin en *euse*. Mettez les adjectifs suivants au féminin. (Voir p. 102.)

1. trompeur _____
2. menteur _____
3. travailleur _____
4. chercheur _____
5. voleur _____

6. flatteur _____
7. donneur _____
8. moqueur _____
9. rieur _____
10. blagueur _____

1F Certains adjectifs en *eur* ajoutent tout simplement un *e* après la consonne finale. Mettez les adjectifs suivants au féminin. (Voir p. 102.)

1. supérieur _____
2. antérieur _____
3. intérieur _____
4. mineur _____

5. inférieur _____
6. extérieur _____
7. majeur _____
8. postérieur _____

1G Certains adjectifs en *teur* ont un féminin en *trice*. Mettez les adjectifs suivants au féminin. (Voir p. 102.)

1. protecteur _____
2. conservateur _____
3. admirateur _____
4. corrupteur _____

5. créateur _____
6. séducteur _____
7. consolateur _____
8. usurpateur _____

1H Il y a quelques adjectifs en *eur* qui ont un féminin en *eresse*. Mettez les adjectifs suivants au féminin. (Voir p. 102.)

1. enchanteur _____
2. vengeur _____

1I La plupart des adjectifs qui se terminent en *et* au masculin ont un féminin en *ète*. Mettez les adjectifs suivants au féminin. (Voir p. 103.)

1. secret _____
2. inquiet _____
3. concret _____
4. incomplet _____

5. discret _____
6. complet _____
7. désuet _____
8. replet _____

1J Les adjectifs qui se terminent par un *f* au masculin ont un féminin en *ve*. Mettez les adjectifs suivants au féminin. (Voir p. 103.)

1.	sportif	_____	11.	actif	_____
2.	neuf	_____	12.	dépressif	_____
3.	vif	_____	13.	agressif	_____
4.	attentif	_____	14.	chétif	_____
5.	pensif	_____	15.	veuf	_____
6.	portatif	_____	16.	plaintif	_____
7.	passif	_____	17.	négatif	_____
8.	hâtif	_____	18.	compétitif	_____
9.	compulsif	_____	19.	bref	_____
10.	craintif	_____	20.	nocif	_____

1K Les adjectifs qui se terminent en *er* au masculin ont un féminin en *ère*. Mettez les adjectifs suivants au féminin. (Voir p. 103.)

1.	premier	_____	7.	léger	_____
2.	printanier	_____	8.	étranger	_____
3.	cher	_____	9.	dernier	_____
4.	régulier	_____	10.	policier	_____
5.	amer	_____	11.	coutumier	_____
6.	familier	_____	12.	mensonger	_____

1L Attention aux adjectifs qui ont un féminin irrégulier et une autre forme au masculin utilisée devant un nom qui commence par une voyelle ou par un *h* muet. (Voir pp. 103-104.)

		au féminin	au masculin avant voyelle ou *h* muet
1.	beau	_____	_____
2.	fou	_____	_____
3.	nouveau	_____	_____
4.	mou	_____	_____
5.	vieux	_____	_____

1M Il y a d'autres adjectifs qui ont un féminin irrégulier. (Voir p. 104.)

1. blanc _____
2. frais _____
3. grec _____
4. oblong _____
5. malin _____
6. turc _____
7. traître _____

8. favori _____
9. franc _____
10. long _____
11. sec _____
12. public _____
13. bénin _____
14. hébreu _____

1N Les adjectifs qui se terminent en *gu* au masculin ont un féminin en *guë*. Mettez les adjectifs suivants au féminin. (Voir p. 104.)

1. ambigu _____
2. contigu _____

3. aigu _____

Attention! N'oubliez pas que certains adjectifs restent invariables.

1O Donnez l'adjectif qui correspond à la phrase descriptive.

1. Denise...

   vient du Canada = _____

   est d'une beauté incroyable = _____

   réfléchit beaucoup = _____

   a peur des chats noirs = _____

   fait rire = _____

2. Jean...

   vient des États-Unis = _____

   n'aime pas travailler = _____

   adore séduire les filles = _____

   sait ce qu'il faut dire aux gens = _____

   fait beaucoup de sports = _____

3. mon entraîneur de hockey:

   aime faire du sport = _____

   a de bons muscles = _____

   a beaucoup d'amis = _____

   n'a pas de femme = _____

1P La plupart des adjectifs forment leur pluriel en ajoutant *s* à la forme du singulier. Faites le pluriel de ces phrases en changeant l'article, le nom et l'adjectif s'il le faut.

Attention! Les adjectifs qui se terminent en *s* ou en *x* au masculin singulier ne changent pas au masculin pluriel.

1. une chaise rouge _____
2. un homme franc _____
3. une expérience négative _____
4. un petit enfant _____
5. une femme fatiguée _____
6. un garçon menteur _____
7. une tante gentille _____
8. une mère irritée _____
9. une fille sportive _____
10. une table grise _____
11. un gros nuage _____
12. un livre épais _____
13. un bébé furieux _____
14. un vent frais _____
15. un mauvais chauffeur de taxi _____
16. un coiffeur impulsif _____
17. une bonne étudiante _____
18. une vieille histoire _____
19. un long moment _____
20. une employée active _____

1Q Les adjectifs en *eau* et *eu* ont un pluriel en *x* et ceux qui se terminent en *al* ont un pluriel en *aux* pour la plupart. Complétez les phrases suivantes en mettant tout ce que vous pouvez au pluriel. (Voir p. 105.)

1. Le vieil hébreu est très curieux.

   _____

2. La courtisane persane est importante et ravissante.

   _____

3. Le récital est banal.

   _____

4. Le garçon est bon et beau.

   _____

5. Le jeune homme est franc.

   _____

6. C'est un pays brumeux et montagneux.

_____

7. La jeune fille est pieuse et amoureuse.

_____

1R Certains adjectifs comme *fatal, final, glacial, idéal, naval* et *natal* ont un pluriel en *s* au masculin. Choisissez l'un de ces adjectifs pour compléter chaque phrase et mettez-le au pluriel. Rappelez-vous qu'on peut aussi utiliser *idéaux* et *glaciaux*. (Voir p. 105.)

1. Ces deux sœurs disent qu'elles ont épousé des maris _____; elles n'ont rien à leur reprocher.

2. Il y a eu deux accidents _____ aujourd'hui.

3. Avez-vous déjà passé vos examens _____?

4. À Halifax, il y a beaucoup de chantiers _____.

5. Dans les Alpes, on peut trouver des ruisseaux _____.

1S Expliquez pourquoi les adjectifs en caractères gras sont invariables. (Voir p. 106.)

1. Je porte mes souliers **orange** à la soirée.

_____

2. Mon mobilier est **bleu vert**.

_____

3. Elle achète beaucoup de vêtements **chic**.

_____

4. Est-ce que c'est vrai qu'aux États-Unis une femme est violée à toutes les **demi**-heures?

_____

5. J'ai acheté des blouses **bon marché** hier.

_____

6. J'ai trouvé les draps **crème** que vous cherchiez.

_____

7. Sa **grand**-mère est malade?

_____

8. En sortant **nu**-tête, ce jeune homme s'est gelé les oreilles.

_____

1T L'adjectif qualificatif s'accorde en genre et en nombre avec le nom ou le pronom qu'il qualifie. Dans les phrases suivantes, faites les accords appropriés. (Voir pp. 106-107.)

1. C'est (cher) _____ les livres!

2. Mon manteau et mon chandail sont (vert) _____.

3. Lisa et Paul sont (américain) _____.

4. Les enfants sont (fort) _____ (énervé) _____ en ce moment.

5. Celle-ci et celle-là sont (neuf) _____ .

6. Vous avez acheté des souliers (rose) _____?

7. Est-ce que ces assiettes sont (sale) _____?

8. Elles ne sont pas (heureux) _____.

9. Je porte une blouse et un pantalon (bleu marine) _____ ce soir. Et toi?

10. C'est une fille (tout) _____ (beau) _____.

11. J'étudie les auteurs (canadien) _____ et (italien) _____.

12. On est (mélancolique) _____ à cause de la pluie.

13. On est (prêt) _____ , les femmes!

14. Nous avons attendu une semaine et (demi) _____ avant de recevoir la réponse par courrier.

15. Elle marchait (nu)-pieds _____ dans la boue.

16. Le cadavre avait les pieds (nu) _____ .

17. Nous étions (tout) _____ (émerveillé) _____ par ce magnifique spectacle de la nature.

1U Mettez l'adjectif au bon endroit. N'oubliez pas de faire les accords nécessaires. (Voir pp. 109-112.)

1. Avez-vous _____ questions _____ ? [d'autres]

2. J'adore faire la _____ matinée _____ ! [grasse]

3. Cette _____ femme _____ vient de perdre son fils. [pauvre]

4. Cette _____ famille _____ ne peut pas se permettre de vacances cette année. [pauvre]

5. Ma _____ mère _____ n'aime pas le fait que j'appelle son fils «mon chouchou». [belle]

6. C'est une _____ plante _____ . [belle]

7. Elle aime acheter les _____ meubles _____. [ancien]

8. C'est un _____ professeur _____. [ancien]

9. J'ai quitté Paris durant la _____ semaine _____ de juillet. [dernier]

10. La _____ semaine _____ , il y a eu une tempête de neige à Vancouver. [dernier]

11. Gandhi fut un _____ homme _____. [grand]

12. Les joueurs de basket-ball sont des _____ hommes _____. [grand]

13. Ma _____ amie _____ , de quoi parlez-vous et pourquoi êtes-vous si nerveuse? [cher]

14. C'est un _____ garçon _____. [gentil]

15. Nous avons une _____ histoire _____ à vous raconter. [long]

16. La _____ chose _____ à faire dans ce cas? Aucune idée! [meilleur]

17. Quelle _____ surprise _____ ! [affreux]

18. C'est une _____ tradition _____ en France qui risque de disparaître. [vieux]

19. Ne viens pas me chercher ce soir, je préfère conduire ma _____ voiture _____ . [propre]

20. Il s'est suicidé parce que c'était un _____ homme _____ . [seul]

1V Mettez les adjectifs entre parenthèses au bon endroit dans les phrases suivantes. (Voir pp. 109-112.)

1. Vous avez une fille. (gentil, petit)

   _____

2. Racontez-nous une histoire. (dernier, drôle)

   _____

3. Donne-moi les ballons. (gros, orange)

   _____

4. Je vais à un restaurant ce soir. (bon, grec)

   _____

5. Elle nous a acheté un cadeau. (autre, très cher)

   _____

6. Jeanne porte un manteau. (rose, vieux)

   _____

7. À l'époque, j'habitais un studio. (grand, confortable)

   _____

8. Elle a emprunté mes cassettes. (nouveau, espagnol)

   _____

9. Émilie voudrait acheter ces bottes. (noir, beau)

   _____

10. Monsieur Rochefort adore la bière. (anglais, bon)

   _____

2 LES ADVERBES

2A La plupart des adverbes se forment en ajoutant *ment* au féminin de l'adjectif. Donnez l'adverbe qui correspond à l'adjectif. (Voir p. 114.)

1. gracieuse _____
2. folle _____
3. sèche _____
4. grossière _____
5. naïve _____

6. jalouse _____
7. douce _____
8. négative _____
9. effective _____
10. complète _____

2B On forme certains adverbes en ajoutant *ment* au masculin de l'adjectif. Il s'agit des adjectifs qui se terminent en *u, é, i* ou en *e* muet. Donnez l'adverbe qui correspond à l'adjectif. (Voir p. 114.)

1. vrai _____
2. passionné _____
3. rapide _____
4. physique _____
5. incroyable _____

6. poli _____
7. simple _____
8. joli _____
9. spontané _____
10. rare _____

2C Certains adverbes ont une formation irrégulière. Donnez l'adverbe qui correspond à l'adjectif. (Voir p. 114.)

1. gai _____
2. goulu _____

3. assidu _____
4. cru _____

2D Certains adverbes se terminent en *ément*. Donnez l'adverbe qui correspond à l'adjectif. (Voir p. 114.)

1. énorme _____
2. aveugle _____
3. confus _____
4. profond _____

5. intense _____
6. immense _____
7. précis _____
8. impuni _____

2E Les adverbes basés sur les adjectifs en *ant* ont une terminaison en *amment*. Donnez l'adverbe qui correspond à l'adjectif. (Voir p. 115.)

1. courant _____
2. constant _____
3. puissant _____

4. galant _____
5. étonnant _____
6. méchant _____

2F Les adverbes basés sur les adjectifs en *ent* ont une terminaison en *emment*. Donnez l'adverbe qui correspond à l'adjectif. (Voir p. 115.)

1. prudent _____
2. évident _____
3. impatient _____
4. patient _____
5. intelligent _____
6. décent _____

Attention aux exceptions *lentement* et *présentement*!

2G Certains adverbes ont une formation particulière. Donnez l'adverbe qui correspond à l'adjectif. (Voir p. 115.)

1. bon _____
2. gentil _____
3. meilleur _____
4. bref _____
5. mauvais _____
6. pire _____

2H Donnez deux exemples de locutions adverbiales.

1. _____
2. _____

2I Donnez deux exemples d'adverbes qui sont des adjectifs employés adverbialement.

1. _____
2. _____

2J Donnez trois exemples d'adverbes qui ne sont pas dérivés de formes d'adjectifs.

1. _____
2. _____
3. _____

2K Complétez les propositions suivantes en employant deux adverbes différents dans chaque phrase.

1. Je mange _____.
2. Mon professeur de français parle _____.
3. Mon copain me traite _____.
4. Kurt Browning patine _____.
5. Les femmes conduisent _____.
6. Les hommes conduisent _____.
7. Son chien l'attend_____.
8. Mon ami(e) travaille _____.

2L   Complétez les phrases en utilisant chaque adverbe une seule fois.

ailleurs	après-demain	beaucoup
près	mal	mieux
très	ensemble	debout
certes	autrefois	souvent
vite	assez	plus
combien	encore	trop
	maintenant	

1. Quand je mange _____ , mon père m'ordonne de m'asseoir.

2. J'arrive _____ en retard pour mon cours à huit heures.

3. À l'époque, nous avions _____ d'argent pour voyager tous les ans.

4. _____ , j'aurais dû faire un effort, mais je me sentais lâche.

5. Le bébé est _____ malade mais il va beaucoup _____ que la semaine dernière.

6. Les jumeaux sortent souvent _____ ; ils s'adorent.

7. Nous habitons tout _____ .

8. Je le ferais _____ parce que je suis _____ occupé demain.

9. Elle a _____ pleuré quand son grand-père est mort.

10. Elle aimerait vivre _____ , mais pas ici .

11. Il a _____ mangé; il se sent _____ .

12. _____ as-tu payé ta maison?

13. Je ne le vois _____ . Nous nous sommes disputés.

14. _____ je croyais à l'amour, _____ je suis plus cynique.

15. Cours _____ au magasin m'acheter du lait pour que je puisse te préparer un gâteau.

2M   Mettez l'adverbe ou les adverbes à la place qui convient. (Voir pp. 119-120.)

1. Il est stupide. [très]

   _____

2. Avez-vous mangé? [bien]

   _____

3. Ils ont bu. [trop/hier]

   _____

4. On part après le concert. [immédiatement]

   _____

5. Ils se parlent. [ne...plus/maintenant]

   _____

6. Cet enfant pleure. [beaucoup]

_____

7. Les deux pays ont signé le traité. [finalement]

_____

8. Il va arriver à cinq heures. [sans doute]

_____

9. Elle a écrit la lettre. [ne...pas encore]

_____

10. Elles se sont saluées. [froidement]

_____

11. Donnez-le-moi. [tout de suite]

_____

12. Ils ont vu ce film. [déjà]

_____

13. C'est mieux de se plaindre. [ne...pas]

_____

14. Elle n'a pas été reçue. [malheureusement]

_____

15. La patronne lui a ordonné de laver le plancher. [bien]

_____

3 LA COMPARAISON

3A Complétez les comparaisons avec le comparatif de l'adjectif et selon l'indication.
(+ → supériorité; = → égalité; - = infériorité; ? = à vous de décider)
(Voir Tableau 4.5, p. 122.)

1. Mon frère est _____
   moi. [intelligent] (-)

2. Ma mère est _____
   mon père. [âgée] (+)

3. Tom Cruise est _____
   Harrison Ford. [beau] (=)

4. La Princesse Diana est _____
   Elizabeth Taylor [malheureuse] (+)

5. Vous êtes _____
   votre professeur de français [grand] (?)

3B Complétez les comparaisons avec le comparatif de l'adverbe et selon l'indication.
(+ → **supériorité**; = → **égalité**; - → **infériorité**;) (Voir Tableau 4.5, p. 122.)

1. Hélène chante _____ sa sœur. [fort] (=)

2. Il court _____ son copain. [vite] (-)

3. Je pleure _____ vous. [souvent] (+)

4. Les femmes conduisent _____
   les hommes. [dangereusement] (-)

5. Les enfants pensent _____
   les adultes. [abstraitement] (-)

3C Complétez les comparaisons avec le comparatif du nom et selon l'indication.
(+ → **supériorité**; = → **égalité**; - → **infériorité**) (Voir Tableau 4.6, p. 122.)

1. Les acteurs gagnent _____ argent _____ les professeurs. (+)

2. Le patron fait _____ travail _____ les ouvriers. (=)

3. Un millionnaire a _____ chances _____ un mendiant. (+)

4. Les médecins ont _____ responsabilités _____ les infirmières. (+)

5. Les enfants ont _____ droits _____ les adultes
   dans la société occidentale. (-)

3D Complétez les comparaisons avec le comparatif du verbe et selon l'indication.
(+ → **supériorité**; = → **égalité**; - → **infériorité**) (Voir Tableau 4.7, p 123.)

1. Le carburant diesel coûte _____ l'essence. (-)

2. Je suis paresseux, je dors _____ mes amis. (+)

3. Il travaille _____ ses collègues. (=)

4. Les deux filles se battent _____ leurs deux frères. (-)

5. Elle gagne _____ lui. (=)

3E Comparez les deux éléments. (Voir p. 122.)

1. une Toyota/une Mercedes

   _____

   _____

2. l'hiver/l'été

   _____

   _____

3. Le Mexique/le Canada

_____

4. l'homme/la femme

_____

_____

5. les femmes conservatrices/les féministes

_____

_____

3F Faites des comparaisons en tenant compte de la structure grammaticale nécessaire.

1. Tu/être/poli/Georges (+)

_____

2. Nous/être/agressifs/toi (-)

_____

_____

3. Vous/être/indifférent/moi (=)

_____

4. Camion/consommer/essence/voiture (+)

_____

5. Sarah/avoir/jouets/sa cousine (-)

_____

6. Nous/avoir/tact/eux (=)

_____

7. C'est/femme/âgée/groupe (la +)

_____

8. C'est/hôtel/beau/ville (le -)

_____

9. C'est/enfant/brillant/école (le +)

_____

3G Un(e) de vos camarades se croit supérieur en tout. Refaites les phrases suivantes pour montrer ce qu'il/elle dit. La comparaison porte sur le mot en italiques.

Modèle: Je suis _doué_ pour les maths.
    →   _Moi, je suis plus doué que toi pour les maths._

1. Je chante _bien_.

_____

2. Je suis *intelligent*.

_____

3. J'ai de *bons* amis.

_____

4. Ma famille et moi nous habitons dans un *beau* quartier.

_____

5. Je réussis *souvent* à mes examens.

_____

6. J'ai une *belle* voiture.

_____

3H Complétez les phrases suivantes en utilisant le superlatif de l'adjectif ou de l'adverbe. (+ → supériorité; - → infériorité) (Voir Tableau 4.8, p. 124.)

1. C'est Nicole qui est _____ jalouse de toutes les filles. (+)
2. C'est ma mère qui est _____ grande (-) de la famille.
3. C'est cette sculpture-ci qui est _____ appréciée. (+)
4. C'est lui qui est _____ blessé. (-)
5. C'est Carole qui mange _____ vite. (+)
6. C'est la Française qui danse _____ bien. (-)
7. C'est le vieillard qui marche _____ lentement. (+)
8. C'est elle qui parle _____ vite. (+)

3I Complétez les phrases suivantes en utilisant le superlatif du nom. (+ → supériorité; - → infériorité) (Voir Tableau 4.9, p. 125.)

1. C'est Paul qui a _____ difficulté à comprendre la situation. (+)
2. C'est Madame Dupont qui a _____ (-) de meubles anciens.
3. C'est moi qui ai _____ d'argent à la banque. (+)
4. C'est le chat qui boit _____ lait. (+)

3J Complétez les phrases suivantes en utilisant le superlatif du verbe. (+ → supériorité; - → infériorité) (Voir Tableau 4.10, p. 125.)

1. C'est elle qui nettoie _____ à la maison. (+)
2. C'est le docteur Marchais qui travaille _____. (-)
3. C'est le propriétaire qui gagne _____. (+)
4. Ce sont les ouvriers qui gagnent _____. (-)

3K Complétez les phrases suivantes en traduisant le superlatif anglais (entre parenthèses) en français. (Voir Tableaux 4.11 et 4.12, pp. 125-126.)

1. Pendant cette soirée, nous avons bu les _____ vins (the worst).
2. C'est cette chanson que nous aimons _____ (the best).
   Et celle-là, _____ (the least).
3. Est-ce que mon accent est _____ (worse) que celui de Bob?
4. Dans _____ (the worst) circonstances, je garde mon calme.
5. C'était _____ (the best) moment de ma vie.
6. C'est elle qui est _____ (the best) préparée.
7. Je n'ai pas _____ (the least/faintest) idée de quoi vous parlez.
8. Le fromage français est-il _____ (the best) au monde?

3L Répondez aux questions suivantes.

1. Qui est le meilleur professeur de votre faculté?

   _____

   _____

2. Quel est le pays le plus pauvre du monde? Le plus riche?

   _____

   _____

3. Quelle est la région la plus intéressante de la France? La moins intéressante?

   _____

   _____

4. Qui est le politicien le plus populaire au Canada en ce moment?

   _____

   _____

5. Quel est le meilleur restaurant de votre ville? Le plus mauvais?

   _____

   _____

6. Quelle est la voiture la plus économique aujourd'hui?

   _____

   _____

4A Traduisez les phrases suivantes en français en tenant compte de la préposition *de* qui est nécessaire dans ces constructions.

1. We saw something wonderful at the fair.

   _____

   _____

2. Nothing new has happened since I last saw you.

   _____

   _____

3. I met someone interesting last night.

   _____

4. I read something incredible in the paper today.

   _____

   _____

4B Faites la traduction de ces phrases en tenant compte des emplois et de la syntaxe des adjectifs qualificatifs.

1. That's easy to say but difficult to do!

   _____

2. He just did something very stupid in my opinion.

   _____

   _____

3. Our dog is huge, friendly and superstitious. He avoids black cats!

   _____

   _____

4. Her mother is small, dark and very pretty.

   _____

5. She made him happy.

   _____

   _____

6. Be careful. The roads are slippery.

   _____

7. The new baby has blue eyes, blond hair and fat, pink fingers.

   _____

   _____

8. My car is old and rusty. I'm going to buy a new car if I win the lottery.

   _____

   _____

9. It was an exceptionally beautiful performance.

_____

10. We spent an extremely cold night in the mountains.

_____

_____

11. The test was extraordinarily difficult.

_____

12. We asked a very strong friend to push us out of the snow bank.

_____

_____

13. The chicken was overcooked

_____

14. She ordered a very spicy dish.

_____

15. My new table is black and oval.

_____

16. Are you a member of the Conservative party?

_____

17. It's a good movie to see.

_____

18. It's a good book to read.

_____

19. That's the best attitude to adopt.

_____

20. I have a gifted student in my class.

_____

21. This is a demanding assignment.

_____

4C Traduisez les phrases suivantes en faisant bien attention à la traduction des adverbes.

1. It's so little!

_____

2. He has to learn in a different way.

_____

3. They will catch the bus in time.

_____

4. They left at the same time.

_____

5. Greyhound dogs run very fast.

_____

6. She's a very busy politician.

_____

7. Right now I'm quite happy.

_____

8. He has already insulted us on several occasions.

_____

9. Sometimes I feel desperate.

_____

10. I would love to do it.

_____

11. She is presently working on her thesis.

_____

12. He gazed admiringly at the sculpture.

_____

13. His sister? No! It's not his sister. Actually they are not related at all.

_____

4D Traduisez les phrases suivantes en français.

1. She is more relaxed than he is, but he exercises more.

_____

_____

2. My professor has written two books more than his colleague.

_____

_____

3. Her writing skills are inferior to mine.

_____

4. The storm was worse than I thought.

_____

5. The best mark was given to the weakest student in the class.

_____

_____

6. He is more aggressive than you think.

_____

7. John Wayne was a most interesting person.

_____

8. Of the two, he is the weaker.

_____

9. My sister is more humorous than her husband.

_____

10. The more it rains, the less the ground is able to soak up the water.

_____

_____

11. I did my best but lost.

_____

12. She became more and more depressed as the winter went on.

_____

_____

13. Your method is even better than mine.

_____

_____

5 EXPRESSION ÉCRITE

5A Décrivez les personnes suivantes en utilisant autant d'adjectifs que possible. N'oubliez pas que vous pouvez commencer avec *il/elle est* + adjectif ou bien avec *c'est un/une* + nom + adjectif. Écrivez des phrases négatives également. Attention aussi à la place des adjectifs.

1. Madonna

_____

_____

_____

2. Jean Chrétien

_____

_____

_____

3. Michael Jackson

_____

_____

_____

4. La princesse Diana

_____

_____

_____

5. Céline Dion

_____

_____

6. Votre mère

_____

_____

7. Votre père

_____

_____

8. Votre meilleur(e) ami(e)

_____

_____

9. Vous-même

_____

_____

10. Hitler

_____

_____

_____

5B Rédigez une lettre de désistement dans laquelle vous expliquez au responsable d'un séjour linguistique que vous ne pouvez pas vous rendre à Québec cet été. À vous de déterminer les raisons de votre désistement.

_____

_____

_____

_____

_____

_____

_____

_____

_____

_____

CHAPITRE 5

L'imparfait
Le plus-que-parfait

1 L'IMPARFAIT

1A Donnez l'imparfait de chaque verbe à la forme indiquée. (Voir p. 145.)

1. (nous) parler _____
2. (vous) laver _____
3. (tu) marcher _____
4. (elle) danser _____
5. (elles) rougir _____
6. (je) définir _____
7. (il) grandir _____
8. (nous) réfléchir _____
9. (tu) répondre _____
10. (il) attendre _____
11. (ils) pendre _____
12. (vous) prendre _____
13. (nous) être _____
14. (je) être _____
15. (vous) manger _____
16. (ils) faire _____
17. (nous) rire _____
18. (vous) étudier _____
19. (tu) croire _____
20. (nous) voir _____
21. (il) prononcer _____
22. (je) aller _____
23. (elles) venir _____
24. (elle) nager _____
25. (je) se détendre _____
26. (vous) vouloir _____

27. (tu) pouvoir _____

28. (il) se réveiller _____

29. (il) pleuvoir _____

30. (il) neiger _____

31. (elles) avoir _____

32. (nous) boire _____

33. (tu) connaître _____

34. (elle) dire _____

35. (vous) écrire _____

1B On utilise l'imparfait pour décrire une personne, une chose, un aspect. Mettez les verbes suivants à l'imparfait.

Le soir du meurtre, je _____ (**1.** être) dans un café. Il _____ (**2.** faire) très froid dehors. Il _____ (**3.** neiger). Je _____ (**4.** avoir) faim et je _____ (**5.** vouloir) manger mais je _____ (**6.** ne pas avoir) assez d'argent. Les trois autres clients _____ (**7.** manger) et me _____ (**8.** regarder) de temps en temps. Moi qui ne _____ (**9.** boire) qu'un chocolat chaud. Le café _____ (**10.** être) vide ce soir-là et le garçon _____ (**11.** s'ennuyer). Mais il _____ (**12.** essayer) quand même de trouver quelque chose à faire.

1C On utilise l'imparfait pour décrire un fait tel qu'il était dans le passé, sans indiquer ni le début ni la fin de l'état décrit. On utilise aussi l'imparfait pour décrire une action habituelle ou pour décrire comment étaient les choses à une certaine époque. Mettez les verbes suivants à l'imparfait.

1. Elle _____ [aimer] se promener sous la pluie.

2. À cette époque-là, nous _____ [vivre] dans une grande maison près de la mer.

3. Il _____ [pleuvoir] et elles _____ [ne pas avoir] envie de sortir.

4. Quand il _____ [être] petit, son père le _____ [battre].

5. Ils _____ [se sentir] fatigués.

6. Mes enfants _____ [ne pas manger] d'épinards quand ils _____ [être] jeunes.

7. Le dimanche, nous _____ [rendre visite] à mon oncle Eugène.

8. Elle _____ [s'entraîner] chaque jour pour les Jeux olympiques.

9. Je _____ [étudier] tous les soirs à la bibliothèque.

10. Elle _____ [pleurer] chaque fois qu'elle _____ [penser] à sa mère.

11. Ce _____ [être] le bon vieux temps. Nous _____ [se voir] tous les jours, nous _____ [voyager] tous les étés ensemble et nous _____ [gagner] beaucoup d'argent.

1D On utilise l'imparfait pour décrire une action interrompue par une autre action. Mettez l'action qui est interrompue à l'imparfait et l'autre au passé composé. (Voir p. 147.)

1. Je _____ [prendre] mon bain quand le téléphone _____ [sonner].

2. Nous _____ [manger] lorsque nos parents _____ [arriver].

3. Elle _____ [conduire] prudemment quand l'accident _____ [avoir] lieu.

4. Vous _____ [dormir] quand le voleur _____ [entrer] chez vous?

5. Il _____ (être) en train de s'endormir quand il _____ (entendre) l'explosion.

1E On utilise l'imparfait pour décrire ce qu'on pensait, surtout avec certains verbes comme *croire, penser, savoir, s'imaginer* et *sembler*. Mettez les verbes suivants à l'imparfait.

1. Elles _____ [savoir] ce qu'elles _____ [vouloir] dès un très jeune âge.

2. Je _____ [croire] qu'il _____ [être] malade car il _____ [avoir] le visage blême.

3. _____ [penser]-vous à cette époque-là que vous seriez un jour un chanteur célèbre?

4. Il _____ [sembler] surpris par le respect inattendu que lui _____ [montrer] ses étudiants.

5. Elle _____ [s'imaginer] que toutes sortes de choses horribles _____ [pouvoir] lui arriver.

1F On emploie l'imparfait dans une construction hypothétique introduite par *si* lorsque la proposition principale est au conditionnel présent. Complétez la partie initiale de la phrase en employant l'imparfait. (Voir p. 148.)

1. _____
   je vivrais à Paris.

2. _____
   j'irais chez le dentiste.

3. _____
   je choisirais une belle voiture de sport.

4. _____
   je finirais mes études à l'université.

5. _____
   je serais très triste.

1G On utilise l'imparfait avec les expressions *depuis, il y avait... que, cela/ça faisait... que* pour exprimer une action qui a commencé avant une autre dans le passé et qui continue au moment où la deuxième action a lieu. Mettez les verbes utilisés avec ces expressions à l'imparfait et les autres verbes au passé composé. (Voir p. 149.)

1. Il _____ [pleuvoir] depuis une semaine quand les rivières _____ [commencer] à déborder.

2. Cela faisait dix ans qu'elle l' _____ [aimer] quand elle lui _____ [enfin déclarer] son amour.

3. Il y avait six mois que le patient _____ [souffrir] du cancer quand les docteurs _____ [décider] de l'opérer.

4. Ils _____ [habiter] à Edmonton depuis cinq ans lorsqu'ils _____ [déménager] à Vancouver.

2A Le plus-que-parfait est un temps composé formé de l'auxiliaire (*avoir* ou *être*) à l'imparfait suivi du participe passé. Mettez les verbes suivants au plus-que-parfait. (Voir p. 154.)

1. (nous) amener _____
2. (elles) respecter _____
3. (vous) acheter _____
4. (il) s'agir _____
5. (tu) repartir _____
6. (il) sortir _____
7. (vous) entendre _____
8. (je) comprendre _____
9. (elles) devenir _____
10. (nous) boire _____
11. (il) avoir _____
12. (elles) rentrer _____
13. (il) neiger _____
14. (je) être _____
15. (tu) lire _____
16. (nous) rire _____
17. (elle) se laver _____
18. (il) s'en aller _____
19. (on) perdre _____
20. (vous) avoir _____

2B Le plus-que-parfait peut exprimer une action qui a eu lieu et qui est terminée avant une autre action. Mettez au plus-que-parfait le verbe qui représente l'action qui, logiquement, précède l'autre/les autres action(s). Mettez les autres verbes au passé composé. (Voir p. 155.)

1. Quand nous _____ [se réveiller], nos invités _____ [déjà partir].
2. Le fermier _____ [déjà se lever] quand le coq _____ [chanter].
3. Quand je _____ [quitter] la maison, je _____ [se rendre compte] que je _____ [laisser] mes clefs à l'intérieur.

2C Un verbe au plus-que-parfait peut exprimer la cause d'une situation. Mettez ces verbes au plus-que-parfait. (Voir p. 155.)

1. Il faisait froid dans la maison parce que nous _____ [oublier] de mettre le chauffage avant de partir.

2. Elle a glissé sur les marches parce qu'elle _____ [ne pas enlever] la neige.

3. Il a été arrêté car il _____ [ne pas payer] l'amende.

2D Un verbe au plus-que-parfait peut exprimer une action habituelle qui a lieu et qui précède une autre action habituelle. Mettez ces verbes au plus-que-parfait. (Voir p.155.)

1. Quand elle _____ [finir] ses courses, elle se dépêchait de rentrer.

2. Lorsqu'il _____ [nettoyer] la cuisine, il regardait les nouvelles à la télévision.

3. Quand mon frère _____ [se brosser] les dents, il allait se coucher.

2E Le plus-que-parfait s'emploie dans une construction hypothétique introduite par *si* lorsque la proposition principale est au conditionnel passé. Complétez la partie initiale de la phrase en employant le plus-que-parfait.

1. _____ je serais venu(e) immédiatement.

2. _____ je ne l'aurais jamais aimé(e).

3. _____ j'aurais posé ma candidature.

4. _____ j'aurais quitté le Canada.

5. _____ je me serais marié(e).

3A Le plus-que-parfait peut aussi exprimer le regret après *si*. Traduisez les phrases suivantes en français. (Voir p.155.)

1. If only I had finished on time...

    _____

2. If only she had known...

    _____

3. If only he had stayed home...

    _____

4. If only you had forgiven him...

    _____

5. If only they had studied...

    _____

3B Le plus-que-parfait est utilisé avec *depuis* pour exprimer une action négative qui a débuté dans le passé avant une autre action dans le passé. Traduisez les phrases suivantes en français.

1. They had not written or phoned in two years when they called.

    _____

    _____

2. Marie had not pronounced a word of French in ten years when she began her course.

    _____

    _____

3. The poet had not written a single poem in four years when he began his masterpiece.

    _____

    _____

3C Traduisez les phrases suivantes en français.

1. I was going to tell you that I could not come.

    _____

2. Conflicts between bosses and workers were going to become a chronic problem in the second half of the 19th century.

    _____

    _____

3. We had just eaten when he arrived.

   _____

4. She had just finished her homework.

   _____

5. I was doing the dishes while she was sleeping.

   _____

6. We didn't know what time it was.

   _____

7. She used to visit her aunt every Friday.

   _____

   _____

8. How about going shopping this afternoon?

   _____

9. I would scream when my brother would show me a big spider.

   _____

   _____

10. They looked tired when I saw them.

    _____

11. He was writing a letter when I came in.

    _____

3D Traduisez les phrases suivantes.

1. He used to phone me every evening.

   _____

2. When I was young, I liked to skate on the pond.

   _____

   _____

3. She spoke continually about her children.

   _____

   _____

4. I often went to the mountains to relax.

   _____

5. She was often ill during her pregnancy.

   _____

3E Attention aux différences entre la langue française et la langue anglaise en ce qui concerne le plus-que-parfait. (Voir p. 156.)

1. She sent back the parcel they sent her.

   _____

   _____

2. I thought you lost your keys. (tu)

   _____

   _____

3. My mother still had the letters my father wrote to her when they were in high school.

   _____

   _____

4 EXPRESSION ÉCRITE

4A On utilise l'imparfait après la conjonction *si* pour proposer quelque chose. Proposez à votre meilleur(e) ami(e) cinq choses à faire ce soir.

1. _____
2. _____
3. _____
4. _____
5. _____

4B Faites cinq phrases qui illustrent chacune un emploi particulier de l'imparfait.

1. _____
   _____

2. _____
   _____

3. _____
   _____

4. _____
   _____

5. _____
   _____

4C   Faites cinq phrases qui illustrent chacune un emploi particulier du passé composé.

1. _____

   _____

2. _____

   _____

3. _____

   _____

4. _____

   _____

5. _____

   _____

4D   Complétez le passage suivant en utilisant les mots de la liste ci-dessous.

à ce moment-là   tout à coup   ce matin-là
pendant   pourtant   mais
un peu plus tard   de nouveau   enfin

_____ (1) je me suis réveillé avec l'intention d'aller à la plage et de me baigner. Je me suis habillé et je suis descendu à la cuisine. _____ (2) le petit déjeuner, mon patron m'a téléphoné pour voir si je pouvais travailler _____ (3). J'ai refusé poliment en disant que j'avais d'autres projets. _____ (4) ma femme est entrée dans la cuisine pour me demander si je pouvais l'aider à peindre les murs. _____ (5) j'ai refusé poliment en disant que j'avais d'autres projets. Elle est partie, furieuse, et j'ai poussé un soupir de soulagement. J'ai pris mon maillot de bain et une grande serviette et je m'apprêtais à partir. Mais, _____ (6) j'ai entendu un bruit atroce qui venait du jardin situé derrière la maison. J'ai couru vers le bruit _____ (7) je n'ai rien vu. _____ (8) les gémissements continuaient. Ils semblaient venir du garage. J'ai donc ouvert la porte et j'ai tout de suite vu ce qui se passait. Notre chien avait été attaqué par notre chat. Le pauvre chien tremblait et il avait le museau qui saignait un peu. Je suis _____ (9) parti pour la plage avec le chien qui, maintenant, refusait de me quitter.

CHAPITRE 6

Les pronoms personnels

1 LES PRONOMS PERSONNELS

1A Le pronom personnel sujet précède généralement le verbe mais il doit parfois être placé après le verbe dans certaines constructions interrogatives. Ajoutez un sujet (nom ou pronom) pour compléter les phrases suivantes. (Voir pp. 175-176.)

1. _____ travaille très fort et gagne un bon salaire.

2. _____ est très doué pour la musique.

3. _____ nous préparons pour la fête ce soir.

4. _____ se lève à six heures tous les matins.

5. _____ est un athlète célèbre.

6. _____ est le président de la France actuellement.

7. _____est morte à l'âge de 36 ans. Un de ses meilleurs films était *Some like it Hot*, tourné en 1959.

8. Avez-_____ quelque chose d'intéressant à me raconter?

9. Sinead O'Connor? Où est- _____née?

10. Et lui, comment va-t- _____ ?

11. Eux, _____ sont toujours en retard. C'est frustrant!

12. «On a de la veine, dit-_____ , pas de flics nulle part.»

13. Voudrais- _____ participer à ce concours?

14. À peine l'infirmière était- _____ entrée dans la chambre que le patient est mort.

1B Mettez les verbes suivants à la forme et au temps indiqués. Mettez le pronom réfléchi au bon endroit. (Voir p. 177.)

1. s'habiller (impératif affirmatif/vous)

_____

2. se taire (impératif affirmatif/toi)

_____

3. se lever (impératif négatif/toi)

_____

4. se disputer (impératif négatif/nous)

_____

5. se laver (elles/passé composé)

_____

6. s'amuser (ils/imparfait)

_____

7. se battre (les enfants/présent/phrase négative)

_____

8. se souvenir (nous/futur simple)

_____

9. se promener (nous/conditionnel)

_____

10. se fatiguer (je/passé composé)

_____

11. se reposer (Anne/imparfait/phrase négative)

_____

12. s'en aller (Le curé/passé simple)

_____

1C Refaites chaque phrase en remplaçant les mots soulignés par un pronom objet direct ou indirect. (Voir pp. 178-180.)

1. Je vais acheter cette lampe <u>à ma mère</u>. C'est son anniversaire demain.

_____

2. Avez-vous mis <u>la fortune que votre oncle vous avez laissée</u> à la banque?

_____

3. Je refuse de croire que tu parles <u>à Jean-Pierre</u> tous les soirs.

_____

4. J'ai demandé un peu d'argent <u>à ma copine</u>.

_____

5. Saluez <u>vos parents</u> de ma part quand vous allez voir <u>vos parents</u>.

_____

6. Il téléphonait <u>à tous les membres du comité</u> le dimanche pour les convaincre de voter comme lui.

_____

7. Cet enfant n'a jamais aimé <u>son frère</u>.

_____

8. N'oubliez pas d'aider <u>le facteur</u> à monter <u>le grand colis</u> que j'attends.

_____

9. Tu as noté <u>leur adresse</u>?

_____

10. Tu as pris <u>le train</u>?

_____

11. On ne va jamais revoir <u>cette charmante personne</u>?

_____

12. Je vais parler <u>aux autres étudiants</u>.

_____

1D Le pronom *y* est invariable. Révisez les emplois de ce pronom avant de répondre aux questions suivantes en utilisant *y* et l'expression soulignée. (Voir pp. 181-183.)

1. Allez-vous répondre <u>au télégramme</u>? (Oui)

_____

2. A-t-elle répondu <u>à la lettre</u>? (Oui/déjà)

_____

3. Ne peux-tu pas répondre <u>à la question du professeur</u>? (Si)

_____

4. Jouent-ils <u>au badminton</u>? (Non/ne...jamais)

_____

5. Aimez-vous jouer <u>au tennis</u>? (Non)

_____

6. Tenez-vous beaucoup <u>à votre travail</u>? (Oui)

_____

7. Est-ce que vos cousins passent beaucoup de temps <u>à la Guadeloupe</u>? (Oui)

_____

8. Est-ce que Brian Mulroney habite toujours <u>à Ottawa</u>? (Non/ne . . . plus)

_____

9. As-tu réfléchi <u>à ce problème</u>? (Non/ne...pas encore)

_____

10. As-tu l'intention de vivre <u>aux Antilles</u>? (Oui)

_____

11. Est-ce que la bonne a remis l'argenterie <u>dans le tiroir</u>? (Non)

_____

12. Est-ce que le voleur a caché son butin <u>derrière le sofa</u>? (Non)

_____

13. Devons-nous aller <u>à l'hôpital</u>? (Oui)

_____

14. Vas-tu <u>en Argentine</u> cette année? (Non)

_____

15. Faisait-elle attention à la qualité de son travail? (Non)

_____

1E Répondez affirmativement et négativement en employant le pronom personnel *y*.

Modèle : Êtes-vous déjà allé <u>en Algérie</u>?
→   J'y suis déjà allé(e).
→   Non, je n'y suis pas encore allé(e).

1. Êtes-vous déjà allé en Roumanie?

_____

_____

2. Êtes-vous déjà allé en Norvège?

_____

_____

3. Êtes-vous déjà allé aux Pays-Bas?

_____

_____

1F Complétez l'exercice suivant en remplaçant la partie soulignée par *y, lui* ou *leur*.
(Voir p. 179.)

1. J'ai parlé <u>au docteur</u> à propos de mon opération.

_____

2. Les parents doivent apprendre <u>à leurs enfants</u> comment se comporter.

_____

3. Il n'aime pas penser <u>à ce genre de choses</u>.

_____

4. Cette fille est tellement bavarde qu'elle téléphone <u>à tous ses amis</u> tous les soirs.

_____

5. Je ne m'attendais pas <u>à cette proposition</u>.

_____

6. Je pense <u>à cette dispute stupide</u>.

_____

1G **Le pronom _en_ est invariable. Complétez les phrases suivantes en remplaçant la partie soulignée par _en_. (Voir pp. 181-183.)**

1. Les végétariens, mangent-ils <u>de la viande</u>? (Non)

_____

2. Dans un restaurant, prenez-vous <u>de la soupe</u> pour commencer? (Oui)

_____

3. Est-ce que les bébés boivent <u>beaucoup de lait</u>? (Oui)

_____

4. Quand vos parents font la cuisine, ajoutent-ils <u>de l'ail</u> aux plats qu'ils préparent? (Non)

_____

5. Seras-tu content <u>de partir en vacances</u>? (Oui)

_____

6. Avez-vous envie <u>de lire plusieurs livres</u>? (Non)

_____

7. Crois-tu qu'elle a <u>trop d'ennemis</u>? (Oui)

_____

8. As-tu besoin <u>de ma voiture</u> pour faire les courses? (Non)

_____

9. Êtes-vous triste <u>de partir en vacances sans vos enfants</u>? (Oui)

_____

10. Avez-vous visité <u>deux ou trois musées à Paris</u>? (Oui/deux)

_____

11. Est-ce que Proust est l'auteur <u>de ce roman</u>? (Oui)

_____

12. Revient-il <u>d'Afrique</u>? (Oui)

_____

13. Croyez-vous qu'un jour elle reviendra <u>de Montréal</u>? (Oui)

_____

14. Est-elle satisfaite <u>du résultat</u>? (Non)

_____

1H Complétez chaque phrase avec le pronom disjoint qui convient. (Voir pp. 183-186.)

1. Pauvre Michael Jackson! On parle encore de _____ ?
2. Ce n'est pas _____ qui ai dit cela.
3. _____ , tu n'es jamais prêt à temps.
4. Selon Warren Beatty, Madonna est très égoïste. Elle ne pense qu'à _____ -même.
5. _____ seul pouvez faire ce genre de travail.
6. Cette maison est à _____ (Marie).
7. Nous nous adressons à _____ (aux frères Lambert).
8. Moi et _____ , nous nous comprenons, n'est-ce pas? (une copine)
9. Le soir, on rentre chez _____ .
10. J'ai reçu un cadeau de _____ (mes parents).
11. Il faut être indépendant dans la vie et tout faire _____ -même.
12. Ni _____ ni _____ n'ont participé à ce concert. (Elton John/les Rolling Stones)
13. As-tu eu des nouvelles de _____ ? (tes cousines)

1I Refaites chaque phrase en remplaçant chaque partie soulignée par un pronom personnel.

1. La reine avait soixante ans quand je l'ai vue.

   _____

2. Est-ce que toi et ta sœur partez ce soir avec les autres invités?

   _____

   _____

3. Les deux élans se sont blessés en s'attaquant.

   _____

4. Le président de la compagnie s'est entretenu avec son avocat avant de répondre aux questions des journalistes.

   _____

   _____

5. Elle écrit fidèlement à ses petites nièces.

   _____

6. Marie et Paul sont arrivés très tard hier soir.

   _____

7. Sophie et Claire viendront demain.

   _____

1J   Indiquez la fonction grammaticale du pronom souligné.

Modèle: Elle a répondu au professeur.
   →   Elle → sujet

1.   Je les ai lus avant d'arriver. (les poèmes de Pablo Neruda)

_____

2.   Nous l'avons achetée. (la robe rouge)

_____

3.   Mes parents étaient fâchés et les tiens? Hélas, ils l'étaient aussi.

_____

4.   Est-ce que les jumeaux s'entendent bien? S'écrivent-ils toujours?

_____

5.   Je pense à lui.

_____

6.   Vous parlez d'eux?

_____

7.   Elle ne sortira jamais avec toi.

_____

8.   Vous, vous croyez que Dieu existe?

_____

9.   C'est elle la victime.

_____

10.   Il faut s'habiller élégamment pour les entrevues.

_____

11.   Y a-t-il pensé?

_____

12.   «Les pompiers ont refusé d'éteindre l'incendie!» s'exclama-t-elle.

_____

13.   «Peut-être aura-t-elle la bonté de me répondre?» demanda le juge sarcastiquement.

_____

1K   Remplacez les mots soulignés par les pronoms qui conviennent et mettez ceux-ci dans le bon ordre et à la bonne place dans la phrase. (Voir pp. 186-188.)

1.   On a trouvé la voiture dans le fossé le lendemain.

_____

2.   Ils inscrivent leurs enfants dans les meilleures écoles.

_____

3. J'ai parlé <u>de mes problèmes au professeur</u>.

   _____

4. Elle donne souvent <u>de l'argent aux pauvres</u>.

   _____

5. Ils invitent <u>ma sœur</u> parfois <u>à leur chalet</u>.

   _____

6. Le garçon apporte <u>de la soupe aux clients</u>.

   _____

7. Vous avez mis <u>mes lettres à la boîte</u>?

   _____

8. Donne <u>à ta sœur ses jouets</u>!

   _____

9. Expliquez <u>la leçon aux étudiants</u>.

   _____

10. Ne parle pas <u>de cette affaire à ta mère</u>.

    _____

11. N'envoyez pas <u>ces paquets aux clients</u>.

    _____

2 TRADUCTION

2A Traduisez les phrases suivantes en français. (Voir pp. 188-190.)

1. Help me!

   _____

   _____

2. Please lend me your textbook. I have lost mine.

   _____

   _____

3. Will you write to me when you are gone?

   _____

4. I used to talk to them every day but then we drifted apart.

   _____

   _____

5. Buy me two of them at the store (vous)

   _____

6. She invited us to her party.

   _____

7. Say something to me! Your silence is unbearable.

   _____

   _____

8. He had them learn it by heart.

   _____

9. Did they answer you?

   _____

10. Do you think they are going to accompany her to Europe?

    _____

    _____

11. Children believe everything adults tell them.

    _____

12. Send him to pick them up.

    _____

13. She doesn't let them go out.

    _____

14. Never lend him your car. He doesn't know how to drive.

    _____

2B Traduisez les phrases suivantes en français.

1. Does she need her father's money? Yes! She needs it.

   _____

   _____

2. Take advantage of your freedom! Take advantage of it!

   _____

   _____

3. Does he have ambition? No, he doesn't have a lot of it.

   _____

   _____

4. Don't smoke so many cigars. Don't smoke so many of them. (tu)

   _____

   _____

5. Tell me about your trip. Tell me about it.

   _____

   _____

Traduisez les phrases suivantes en français.

1. Have a good time!

   _____

2. Let's not get up that early any more!

   _____

3. Let's meet at the Café Richard around 4 p.m.

   _____

   _____

4. They used to write many letters to each other.

   _____

   _____

5. We took a walk before dinner.

   _____

6. She hurried but still missed the bus.

   _____

7. Don't you love each other anymore?

   _____

8. Sit down and be quiet!

   _____

2D Traduisez les phrases suivantes en français.

1. Ask him for the price.

   _____

2. I'm looking for my notebook.

   _____

3. Will you wait for her if she is late? (vous)

   _____

4. Listen to your mother. She knows best. (tu)

   _____

5. Here she comes! _____

6. There they are: the two most famous actors in Hollywood.

   _____

   _____

7. Several of them arrived late.

   _____

8. Many of them were no longer willing to continue the war.

   _____

   _____

9. A few of you will have to give up your privileges.

_____

_____

10. Sing it yourself!

_____

11. Do it yourself. I have work to do.

_____

12. I promise you that it's true.

_____

_____

3 EXPRESSION ÉCRITE

3A Composez des phrases dans lesquelles vous illustrez le sens et l'emploi des prépositions suivantes. (Voir Conseil 6.2, p. 192.)

1. aux environs de

_____

_____

_____

2. de manière à

_____

_____

_____

3. à défaut de

_____

_____

_____

4. quant à

_____

_____

_____

5. à force de

_____

_____

_____

6. outre

_____

_____

_____

3B Rédigez une petite composition dans laquelle vous faites le portrait de la personne la plus bizarre que vous ayez jamais rencontrée.

_____

_____

_____

_____

_____

_____

_____

_____

_____

_____

_____

_____

_____

_____

_____

_____

_____

_____

_____

_____

_____

_____

_____

_____

_____

_____

_____

_____

_____

_____

_____

Le futur
Le conditionnel

1 LE FUTUR SIMPLE

1A Mettez les verbes suivants au futur simple et à la forme indiquée.
(Voir Tableau 7.1, p. 203.)

1. tu (ne pas marcher) _____
2. vous (enseigner) _____
3. elle (aimer) _____
4. nous (servir) _____
5. on (ne pas partir) _____
6. je (réussir) _____
7. vous (apprendre) _____
8. tu (construire) _____
9. nous (ne pas suivre) _____
10. elles (s'amuser) _____
11. tu (ne pas se reposer) _____
12. je (se tromper) _____

1B Mettez les verbes suivants au futur simple et à la forme indiquée. (Voir Tableau 7.2, p. 204 avant de faire cet exercice.)

1. nous (payer) _____
2. tu (ne pas céder) _____
3. elles (jeter) _____
4. je (ne pas acheter) _____
5. ils (essayer) _____
6. elles (appeler) _____
7. vous (mener) _____
8. tu (ne pas nettoyer) _____
9. on (peler) _____
10. il (commencer) _____

1C Certains verbes irréguliers ont un radical formé à partir de l'infinitif. (Voir Tableau 7.3, p. 205.) Mettez les verbes suivants au futur simple et à la forme indiquée.

1. vous (battre) _____
2. tu (ne pas lire) _____
3. nous (dire) _____
4. elles (boire) _____
5. ils (fuir) _____
6. on (plaire) _____
7. je (ne pas peindre) _____
8. elle (résoudre) _____

D'autres verbes ont un radical irrégulier. (Voir Tableau 7.4, p. 205.) Mettez les verbes suivants au futur simple et à la forme indiquée.

9. tu (envoyer) _____
10. il (mourir) _____
11. nous (devoir) _____
12. je (s'asseoir) _____
13. on (ne pas pouvoir) _____
14. il (pleuvoir) _____
15. il (falloir) _____
16. je (ne pas aller) _____
17. nous (ne pas voir) _____
18. tu (avoir) _____
19. elle (être) _____
20. vous (faire) _____

1D On emploie le futur simple pour exprimer catégoriquement une action ou un état à venir. (Voir p. 206.) Mettez les verbes entre parenthèses au futur simple et à la forme indiquée.

1. Nous _____ (être) fatigués ce soir.
2. Elle _____ (faire) ses devoirs à la dernière minute.
3. Vous _____ (se divertir) samedi soir?
4. On annonce qu'il _____ (pleuvoir) toute la semaine.
5. Elles _____ (ne jamais apprendre) l'espagnol.
6. Tu _____ (s'asseoir) là-bas, s'il te plaît.
7. Je crois qu'elles _____ (pleurer) aux funérailles.
8. Je _____ (voir) le dentiste dans deux mois.

1E On emploie le futur simple dans les propositions subordonnées qui commencent par les conjonctions *aussitôt que, dès que, lorsque, pendant que, quand* et *tant que* lorsqu'il s'agit d'un contexte logiquement futur. (Voir p. 206.) Notez qu'en anglais, on utilise le présent de l'indicatif au lieu du futur simple. Mettez les verbes entre parenthèses au futur simple et à la forme indiquée.

1. Quand vous _____ (arriver) à Amsterdam, téléphonez-moi.

2. Il _____ (être) furieux lorsqu'il _____ (comprendre) qu'il n'a pas gagné.

3. Pendant que tu _____ (t'endormir), je _____ (lire) une histoire.

4. Tant que cet homme _____ (parler), je l' _____ (écouter).

5. Dès que vous _____ (vouloir) me parler, venez chez moi.

6. Aussitôt que tu _____ (se réveiller), tu _____ (préparer) le café _____.

1F On utilise le futur simple dans une proposition principale rattachée à une subordonnée où la condition (précédée de la conjonction *si*) est exprimée au présent. (Voir p. 206.) Mettez chaque verbe au temps approprié.

1. Si je _____ (avoir) faim à six heures, je _____ (manger) dans un restaurant.

2. S'il _____ (ne pas pleuvoir), nous _____ (se promener) dans le parc avant de rentrer.

3. Si le meurtrier _____ (être) intelligent, il _____ (ne pas revenir) à la scène du crime.

4. Si le premier ministre _____ (comprendre) bien la situation, il _____ (faire) quelque chose pour créer des emplois.

5. Si le professeur nous _____ (donner) trop de travail, nous _____ (se plaindre).

1G Complétez les phrases suivantes en employant le futur simple. (Voir p. 206.)

1. Elle se demande si _____
   _____ .

2. Je ne sais pas si _____
   _____ .

3. Mes parents veulent savoir si _____
   _____ .

4. Il est impossible de prédire quand _____
   _____ .

5. Nous voulons savoir si _____
   _____ .

1H On emploie le futur simple pour atténuer l'impact d'un ordre à l'impératif ou pour exprimer une nuance de politesse. Récrivez les phrases suivantes de façon à atténuer l'impact de l'impératif. (Voir p. 207.)

1. Finissez vos devoirs ce soir.

   _____.

2. Montrez-moi le brouillon de votre dissertation avant de partir.

   _____.

3. Ne parlez de mes idées à personne.

   _____.

4. Écris à ta grand-mère pour la remercier.

   _____.

5. Fais la vaisselle et range ta chambre ce soir.

   _____.

1I Mettez les verbes suivants au futur proche. (Voir p. 207.)

1. Nous _____ (manger) dans cinq minutes.

2. Je _____ (ne pas passer) la fin de semaine à travailler.

3. _____ (accepter) leur offre?

4. Elle _____ (se coucher); elle a eu une journée difficile.

2 LE FUTUR ANTÉRIEUR

2A Mettez les verbes suivants au futur antérieur et à la forme indiquée. (Voir Tableau 7.5, p. 208.) Attention à l'accord du participe passé!

1. je (chanter) _____

2. nous (soigner) _____

3. on (regarder) _____

4. il (ne pas rougir) _____

5. on (arrondir) _____

6. elle (agir) _____

7. vous (partir) _____

8. ils (faire) _____

9. elles (ne pas aller) _____

10. je (venir) _____

11. les oiseaux (s'envoler) _____

12. tu (s'emballer) _____

13. ils (ne pas s'enivrer) _____

14. elles (se presser) _____

15. il (devenir) _____

16. nous (craindre) _____

17. ils (ne pas périr) _____

18. tu (se méprendre) _____

2B On emploie le futur antérieur dans les propositions subordonnées qui commencent par les conjonctions *après que, aussitôt que, dès que, lorsque, quand, tant que* et *une fois que* pour exprimer une action que l'on prévoit complétée avant l'action de la proposition principale. L'autre verbe est au futur simple. Mettez les verbes entre parenthèses au temps qui convient et à la forme indiquée. (Voir p. 209.)

1. Je _____ (aller) au cinéma lorsque je
   _____ (écrire) cette lettre.

2. Elle _____ (déjà quitter) le pays
   quand ses parents _____ (revenir) de vacances.

3. Après que nous _____ (finir) de regarder cette
   émission, nous _____ (sortir).

4. Dès que l'enfant _____ (comprendre) le danger
   qu'il encourt, il _____ (ne plus traverser)
   la rue tout seul.

5. Dès que mon père _____ (gagner) assez
   d'argent, il _____ (prendre) sa retraite.

2C Si les deux actions sont simultanées ou presque simultanées, on emploie deux futurs simples. Écrivez quatre phrases qui marquent chacune deux actions simultanées après une conjonction temporelle. (Voir p. 209.)

1. Tant qu'elle _____ ,
   elle _____ .

2. Une fois que vous _____ ,
   vous _____ .

3. Pendant que le bébé _____ ,
   la mère _____ .

4. Lorsque le docteur _____ ,
   le patient _____ .

2D   On emploie le futur antérieur pour décrire une action que l'on prévoit complétée à un certain moment de l'avenir. Illustrez ce concept avec des phrases indiquant ce qui ce sera passé. (Voir p. 210.) Composez des phrases affirmatives et négatives.

1. Dans dix ans, je _____

    _____ .

2. Dans un mois, ma meilleure amie _____

    _____ .

3. Dans cinq ans, le Canada _____

    _____ .

4. En l'an 2005, le monde _____

    _____ .

2E   On emploie le futur antérieur pour exprimer la probabilité ou la supposition que quelque chose est arrivé. Complétez les phrases suivantes. (Voir p. 210.)

1. Ma sœur n'est pas arrivée à l'heure; elle _____

    _____ .

2. L'agent de police lui a donné une contravention; il _____

    _____ .

3. Il n'y a plus de biscuits; mon frère _____

    _____ .

4. Elles ont raté leurs examens; elles _____

    _____ .

5. Le chien n'est plus dans le jardin; il _____

    _____ .

2F   On emploie le futur antérieur dans la subordonnée de l'interrogation indirecte pour exprimer une action qui aura été accomplie dans l'avenir, quand le verbe principal est au présent. Complétez les phrases suivantes en utilisant l'élément entre parenthèses. (Voir p. 210.)

1. Sharon Stone ne sait pas quand elle... (finir de tourner son nouveau film).

    _____

    _____ .

2. Timothy Findley ne sait pas s'il... (écrire un livre l'année prochaine).

    _____

    _____ .

3. Je ne sais pas si je... (terminer mes études).

    _____

    _____ .

4. Demandez-lui s'il... (partir en vacances à ce moment-là).

    _____

    _____ .

5. Nous ne savons pas si elle... (pouvoir se reposer).

    _____

    _____ .

6. Il ne sait pas si ses amies... (revenir de Montréal samedi).

    _____

    _____ .

2G La conjonction française *si* peut être l'équivalent de la conjonction conditionnelle anglaise
«*if*» ou l'équivalent du «*whether*» de l'interrogation indirecte. Indiquez avec un **I** (if) ou
W (whether) le sens de la conjonction *si* dans les phrases suivantes.

1. Si vous faites cela, je vous quitterai.   ___
2. Je me demande si je pourrai vous accompagner ce soir.   ___
3. Je vous verrai si l'occasion se présente.   ___
4. Elle se demande si elle pourra le faire.   ___

3 LE CONDITIONNEL PRÉSENT

3A Mettez les verbes suivants au conditionnel présent et à la forme indiquée.
(Voir Tableaux 7.6 et 7.7, p. 212.) Attention aux radicaux irréguliers!

1. je (être) _____
2. nous (remercier) _____
3. elle (faire) _____
4. tu (ne pas aller) _____
5. il (croire) _____
6. elles (partir) _____
7. je (ne pas vouloir) _____
8. on (perdre) _____
9. ils (espérer) _____
10. elles (acheter) _____
11. nous (appeler) _____

12. on (ne pas travailler) _____

13. tu (se laver) _____

14. ils (ne pas s'entendre) _____

15. elles (s'écrire) _____

16. ils (s'aimer) _____

17. nous (payer) _____

18. je (ne pas essuyer) _____

19. elle (jeter) _____

20. tu (ne pas voir) _____

3B On emploie le conditionnel présent pour exprimer la possibilité et l'éventualité. (Il traduit l'anglais «*would*».) (Voir p. 213.) Mettez les verbes suivants au conditionnel présent et à la forme indiquée.

1. Ils _____ (préférer) ne pas venir au concert.

2. Comment _____ (savoir) -je la vérité?

3. Je le _____ (faire) volontiers.

4. À sa place, je _____ (ne pas dire) cela.

5. Pour son enfant, il _____ (donner) sa vie.

3C On emploie le conditionnel présent pour exprimer une conclusion possible dans une proposition principale rattachée à une subordonnée où la condition (précédée de la conjonction *si*) est exprimée à l'imparfait. (Voir p. 213.) Dans chaque phrase, mettez le verbe approprié au conditionnel présent et l'autre verbe à l'imparfait.

1. Il _____ (refuser) s'il _____(soupçonner) quelque chose d'illégal.

2. Elle _____ (venir) nous voir si elle _____ (avoir) une voiture.

3. Je leur _____ (expliquer) le poème s'ils me _____ (demander).

4. Si elles _____ (écouter), elles _____ (comprendre).

5. Si on _____ (aller) en France, on _____ (dépenser) beaucoup d'argent.

3D On emploie le conditionnel présent pour demander quelque chose d'une façon plus polie ou pour atténuer l'impact de ce que l'on a à dire. (Voir p. 214.) Récrivez les phrases suivantes en utilisant une formule plus polie.

1. Pouvez-vous m'indiquer la rue du Mont Blanc?

   _____?

2. Veux-tu sortir avec moi?

   _____?

3. Vous devez vous arrêter de boire autant de bière.

   _____.

4. Peux-tu m'aider avec mes devoirs?

   _____?

3E On emploie le conditionnel présent dans une proposition complétive qui commence par *si* ou *que* pour exprimer un futur dans un contexte passé, c'est-à-dire une action qui était à venir au moment où l'on parle. (Voir p. 214.) Pour illustrer ce concept, complétez les phrases suivantes.

1. On nous a dit qu'il _____

   _____.

2. Je savais qu'ils _____

   _____.

3. Je croyais que ma sœur _____

   _____.

4. Nous avons compris que nos amis _____

   _____.

5. Il ne m'a pas dit s'il _____

   _____.

6. Elles ont affirmé qu'elles _____

   _____.

7. On se demandait bien si les politiciens _____

   _____.

3F On emploie le conditionnel présent pour exprimer un souhait ou pour annoncer des faits non-confirmés. (Voir p. 214.) Mettez chaque verbe au conditionnel présent et indiquez s'il s'agit d'un souhait (S) ou d'un fait non-confirmé (F).

1. Ma fille _____ (aimer) devenir actrice. _____

2. Deux cents personnes _____ (être) morts à la suite du tremblement de terre. _____

3. Selon vous, c'est Jacques qui _____ (obtenir) le poste. _____

4. Ces pauvres gens _____ (vouloir) bien quitter leur pays? _____

5. Le conférencier _____ (être) malade et la conférence _____ (être) annulée. _____

4A Mettez les verbes suivants au conditionnel passé et à la forme indiquée.
(Voir Tableau 7.8, p. 215.) Attention à l'accord du participe passé!

1.   nous (révéler) _____

2.   elles (se lever) _____

3.   Marie (ne pas aller) _____

4.   on (faire) _____

5.   ils (rendre) _____

6.   elles (ouvrir) _____

7.   tu (ne pas vouloir) _____

8.   je (ne pas pouvoir) _____

9.   elle (envoyer) _____

10. elles (se sentir) _____

11. tu (avoir) _____

12. on (regarder) _____

13. je (ne pas dessiner) _____

14. la mer (démolir) _____

15. les jumeaux (se battre) _____

4B On emploie le conditionnel passé pour exprimer une conclusion possible dans une
proposition principale rattachée à une subordonnée dans laquelle la condition (précédée
de la conjonction *si*) est exprimée au plus-que-parfait. (Voir p. 216.) Dans les phrases
suivantes, mettez le verbe approprié au plus-que-parfait et l'autre au conditionnel passé.

1.   Si je _____ (avoir)
     plus de talent, je _____ (connaître) le succès.

2.   Si vous _____ (se dépêcher),
     vous _____ (ne pas manquer) le train.

3.   Si tu _____ (ne pas arriver)
     en retard, tu _____ (rencontrer) mon amie.

4.   Nous _____ (venir)
     si nous _____ (savoir) que vous aviez besoin de nous.

5.   Vous _____ (ne pas se lever)
     s'il _____ (faire) trop froid.

4C On emploie le conditionnel passé dans une proposition complétive qui commence par *si* ou *que* pour exprimer un futur antérieur dans un contexte passé. (Voir p. 216.) Complétez les phrases suivantes avec un verbe de votre choix au conditionnel passé.

1. Il ne nous a pas dit s'il _____

_____

2. Ma meilleure amie m'a dit que _____

_____

3. On se demandait si les professeurs _____

_____

4. Elle m'avait promis que _____

_____

4D On emploie le conditionnel passé pour exprimer un fait douteux ou quelque chose dont on n'est pas encore sûr. (Voir p. 216.) Mettez les verbes entre parenthèses au conditionnel passé.

1. L'incendie _____ (brûler) toute la nuit.
2. Le vent _____ (abattre) trois arbres.
3. L'armée _____ (tuer) plusieurs rebelles.
4. La neige _____ (causer) trois accidents de voiture ce matin.

5 LES PHRASES HYPOTHÉTIQUES

5 Étudiez bien Tableau 7.9 à la page 218 et faites des phrases avec *si* selon les indications.

1. *si* + présent + présent

_____

_____

2. *si* + présent + futur

_____

_____

3. *si* + présent + impératif

_____

_____

4. *si* + imparfait + conditionnel présent

_____

_____

5. *si* + plus-que-parfait + conditionnel passé

_____

_____

6. *si* + passé composé + présent

_____

_____

7. *si* + passé composé + impératif

_____

_____

6 TRADUCTION

6A Traduisez les phrases suivantes en français.

1. If I am sleepy, I will take a nap.

_____

2. Will they do it? (employez l'inversion)

_____

3. Will she write to them? (employez l'inversion)

_____

4. He is leaving in a few days.

_____

5. The performance will begin in five minutes.

_____

_____

6. If I win the lottery, I will buy a new car.

_____

6B Traduisez les phrases suivantes en français.

1. Paul will study hard for his exams. I know him!

_____

2. I am going to phone my mother this weekend.

_____

3. They are not going to take a holiday this year.

_____

4. Marie is going to get sick if she doesn't wear a coat.

_____

5. She will often work late at the office.

_____

6C On emploie le futur antérieur dans la subordonnée qui suit les conjonctions *quand/lorsque* (when), *aussitôt que/dès que* (as soon as), *après que* (after), *pendant que* (while), *tant que* (as long as). Le verbe anglais peut être au présent. En français, le futur simple ou le futur antérieur est obligatoire. Traduisez les phrases suivantes en français.

1. When you arrive in London, phone me.

_____

2. When you'll want to talk to me, I will listen.

_____

_____

3. As soon as they are ready, we will leave.

_____

_____

4. He will call when the meeting is over.

_____

_____

6D Après la conjonction *au cas où* (in case/in the event that) qui introduit une éventualité, on utilise le présent en anglais mais en français il faut utiliser le conditionnel présent. (Voir p. 215.) Traduisez les phrases suivantes.

1. Bring an umbrella in case it rains.

_____

2. I will lend you my textbook in case you need it this weekend.

_____

_____

3. I will pay you now in case I don't see you this afternoon.

_____

_____

6E Le verbe *devoir* au conditionnel présent devant un infinitif exprime la nécessité ou l'obligation. (Il traduit l'anglais «*should*».) Traduisez les phrases suivantes en français.

1. You should rest now because we are going out later.

_____

_____

2. Children should respect their elders.

_____

3. They should go to church.

_____

4. You should work harder.

_____

6F Le verbe *pouvoir* au conditionnel présent devant un infinitif exprime la possibilité. (Il traduit l'anglais «*could*».) Traduisez les phrases suivantes en français.

1. We could help her.

   _____

2. She could never travel alone.

   _____

3. They could do it.

   _____

4. Could he send it to us?

   _____

6G On emploie le conditionnel passé pour exprimer la possibilité et l'éventualité et après la conjonction *au cas où*. Traduisez les phrases suivantes en français.

1. I would not have gone there.

   _____

2. He wouldn't have been so happy to leave.

   _____

3. In the event that she would not have come that day, I was ready to do the presentation without her.

   _____

   _____

6H Le verbe *pouvoir* au conditionnel passé devant un infinitif exprime quelque chose de possible mais qui n'a pas eu lieu. Traduisez les phrases suivantes en français.

1. You could have told me!

   _____

2. You could have made an effort.

   _____

3. The child could have drowned if you had not been there.

   _____

   _____

6I Le verbe *devoir* au conditionnel passé devant un infinitif exprime quelque chose de nécessaire ou d'obligatoire mais qui n'a pas eu lieu. Traduisez les phrases suivantes.

1. She should have listened to her parents.

   _____

2. He should have studied harder for his final exam.

_____

_____

3. We should not have left before everybody.

_____

6J Il faut distinguer entre le «*would*» qui précède une action habituelle et le «*would*» des phrases hypothétiques. Indiquez si les verbes des phrases suivantes seraient traduits par l'imparfait (I) ou le conditionnel (C).

1. Every Sunday we would visit my grandparents. _____
2. If I could, I would help you. _____
3. A dictionary would have been more helpful. _____
4. I would work late and then sleep in the next day. _____

6K Traduisez les phrases suivantes après avoir révisé les aspects de traduction aux pages 217-218.

1. He wouldn't participate in the race.

_____

2. She wouldn't tell me her secret.

_____

3. They couldn't understand the exercise.

_____

4. She tried to stand on her skates but couldn't.

_____

5. Could you tell me the time please?

_____

6. Could you tell me how to get to the bank?

_____

7. I wish I could have been there.

_____

8. I wish it would stop raining.

_____

9. I wish I could go away.

_____

10. You ought to have said something.

_____

7A Choisissez l'une des trois propositions ci-dessous et dressez une liste de cinq arguments «pour» et cinq arguments «contre» cette proposition.

- Tout citoyen devrait avoir le droit d'acquérir des armes à feu.
- Les médecins devraient avoir le droit d'apporter leur aide aux grands malades voulant se suicider.
- Les tribunaux devraient imposer la peine de mort à tout criminel reconnu coupable d'avoir assassiné quelqu'un.

Arguments «pour»:

1. _____

2. _____

3. _____

4. _____

5. _____

Arguments «contre»:

1. _____

2. _____

3. _____

4. _____

5. _____

7B En vous servant de la proposition que vous avez choisie dans l'exercice 7A, écrivez l'introduction d'un devoir dans lequel vous traitez de cette proposition.
(Voir Conseil 7.2, p. 222.)

_____

_____

_____

_____

_____

CHAPITRE 8

Les démonstratifs
Les possessifs
Les indéfinis

1 LES ADJECTIFS ET PRONOMS DÉMONSTRATIFS

1A Mettez l'adjectif démonstratif qui convient. N'oubliez pas qu'il s'accorde en genre (au singulier) et en nombre avec le nom qu'il détermine. (Voir pp. 230-231.)

1. _____ patineur
2. _____ glace
3. _____ spectateurs
4. _____ match
5. _____ entraîneurs

6. _____ homme
7. _____ joueur
8. _____ équipes
9. _____ arbitres
10. _____ rondelle

1B Donnez le pronom démonstratif qui convient. Rappelez-vous qu'il peut marquer une opposition entre deux choses ou la possession. (Voir pp. 231-232.)

1. J'adore cette chanteuse-ci et _____ -là.

2. Marie aime ce légume-ci et _____ -là.

3. Je ne peux pas décider entre ces fleurs-ci et _____ -là.

4. Elle lit ces livres-ci et lui _____ -là.

5. Cette femme-ci est bavarde et _____ -là est silencieuse.

6. J'ai lavé les vêtements de Pierre et _____ de Daniel.

7. Est-ce qu'on prend ta voiture ou _____ de tes parents?

8. Nous discutons les avantages d'acheter une maison à _____ d'acheter un appartement dans un immeuble en copropriété.

9. Je n'avais qu'un choix : _____ de m'en aller.

10. À qui est cette poupée? C'est _____ de la petite fille.

1C Le pronom démonstratif variable peut aussi être suivi d'une proposition relative. Mettez la forme correcte du pronom démonstratif. (Voir p. 232.) *celle / celui*

1. Cette saucisse est délicieuse. _____ que tu as mangée est moins bonne.

2. Ce film est intéressant. _____ que tu m'as recommandé était trop violent.

3. Cette note de service? C'est _____ dont je vous ai parlé hier.

4. Les renseignements que je lui ai transmis sont _____ que le président m'a donnés.

5. Ces romans sont meilleurs que _____ que j'ai dû lire à l'école secondaire.

6. Nous avons acheté tous les albums de Neil Young, même _____ qui ne sont pas très bons.

1D La particule suffixe *-ci* s'emploie pour se rapporter à ce qui est proche dans l'espace du sujet parlant ou à ce qui est proche dans le temps; la particule suffixe *-là* désigne ce qui est loin dans l'espace du sujet parlant, ce qui s'est déjà passé ou ce qui est à venir. Ajoutez le suffixe qui convient. (Voir p. 233.)

1. Je voudrais acheter une nouvelle voiture; celle- _____ est trop vieille.

2. À cette époque- _____ , elle était enceinte de son troisième enfant.

3. Nous avons déjà lu ce poème-_____ ; alors choisissons celui- _____ .

4. Ces appartements-_____ sont plus modernes que ceux- _____ .

5. À ce moment- _____ , la France faisait la guerre contre l'Allemagne.

6. Ce mois-_____ , j'ai trop de travail pour pouvoir sortir.

7. Ces enfants- _____ ont énormément de difficultés à s'entendre.

1E Les pronoms démonstratifs en *-ci* et *-là* sont employés pour représenter deux termes que l'on vient de mentionner. Le pronom avec la particule *-ci* représente le deuxième terme et le pronom avec la particule *-là* représente le premier. Complétez les phrases suivantes avec le pronom qui convient. (Voir p. 233.)

1. Les pommes et les oranges sont deux fruits que les Canadiens mangent en hiver; _____ contiennent beaucoup de vitamine C et _____ sont bon marché.

2. Les autobus et les voitures polluent l'air mais _____ n'ont souvent qu'un seul passager tandis que _____ transportent plusieurs personnes à la fois.

3. Les petits enfants et les chats ont besoin de beaucoup d'attention; l'avantage c'est que _____ se lavent eux-mêmes tandis que _____ doivent être lavés!

1F *Ceci* s'emploie pour annoncer ce qu'on va dire et *cela* s'emploie pour renvoyer à ce qu'on a déjà dit. Choisissez la forme qui convient. (Voir p. 234.)

1. _____ va te rendre heureuse: tu viens de gagner le Prix Nobel!
2. Sa mort? Je ne peux pas penser à _____ ou je perdrai la tête.
3. _____ ne m'intéresse pas du tout; pourquoi m'en parlez-vous?
4. _____ pourrait te surprendre; je démissionne.
5. Qu'il est intelligent! _____ va sans dire.

1G Le pronom *ce* sert d'antécédent à un pronom relatif quand il n'y en a pas d'autre pour anticiper ce qui va être dit. Mettez le pronom relatif approprié dans l'espace et précédez-le par *ce*. (Voir p. 235.)

1. Voilà _____ vous avez besoin.
2. _____ elle voulait exactement n'était pas clair.
3. Sais-tu _____ j'en pense?
4. _____ me fait pleurer, c'est la musique baroque.
5. _____ il est fier, c'est de son intelligence.

1H Étudiez le Tableau 8.3 à la page 236 avant de faire cet exercice. Choisissez entre *il est* et *c'est*.

1. _____ le 23 juillet.
2. _____ toi? Oui _____ moi.
3. _____ dix heures du soir.
4. Qu'est-ce que c'est? _____ un ordinateur portatif.
5. _____ péruvien.
6. _____ catholique.
7. _____ professeur.
8. _____ un mauvais professeur.
9. _____ évident.
10. Alors mon bifteck, _____ cuit?

2A Révisez le Tableau 8.4 à la page 239 et mettez l'adjectif possessif qui convient. N'oubliez pas qu'il s'accorde avec le nom qui suit et non pas avec le possesseur.

1. J'ai perdu _____ portefeuille hier.

2. _____ sœur rentre des États-Unis ce soir.

3. Gilles Vigneault a composé une chanson qui s'intitule « _____ pays».

4. Paul, quel est _____ numéro de téléphone?

5. Est-ce qu'ils ont _____ carte d'identité avec eux?

6. Nous allons rendre visite à _____ cousins cet été.

7. Nous ne pouvons pas croire _____ histoire, Monsieur.

8. As-tu remarqué _____ rides? Je n'en avais pas autrefois.

9. Ils vont laisser _____ chien chez _____ voisins.

10. _____ parents m'ont donné un peu plus d'argent de poche ce mois-ci.

11. _____ amie m'écrit fréquemment.

12. J'ai oublié _____ adresse et celle de tes parents.

13. Connaissez-vous _____ assistante?

14. Les jumelles avaient chacune _____ propre gâteau d'anniversaire.

15. Chacun doit faire _____ part.

16. On préfère toujours _____ propres idées.

2B Mettez la bonne forme du pronom possessif. N'oubliez pas de faire des contractions si l'article défini est précédé des prépositions *à* ou *de*. (Voir Tableau 8.5, p. 241.)

1. Je pense à mon petit ami, tu penses _____ (about yours).

2. Mes enfants et _____ (hers) vont à la même école.

3. Mon chien et _____ (theirs) sont malades.

4. Elle parle de sa mère; il parle _____ (about his).

5. Mes bottes sont mouillées et _____ (yours/formal)?

6. Ma sœur est bilingue et _____ (hers)?

7. Mes professeurs sont très compréhensifs et _____ (theirs) sont impatients.

8. Mon magnétoscope ne marche plus. Il faudra emprunter _____ (theirs).

9. Mes filles sont avocates et _____ (hers) sont institutrices.

10. Son bébé a six mois mais _____ (mine) n'a que trois mois.

11. J'ai réussi à mon examen la deuxième fois. Mon frère a réussi _____ (his) la première fois.

12. Ma maison est en bois, _____ (yours/formal) est en brique.

13. Isabelle écrit souvent à ses parents mais Paul n'écrit jamais _____ (his).

2C On utilise la préposition *à* suivi d'un pronom disjoint pour bien préciser qui est le possesseur. Cette construction permet également de renforcer l'adjectif possessif. Ajoutez cette préposition et ce pronom pour clarifier ou pour renforcer les phrases suivantes. (Voir p. 242.)

1. C'est sa maison _____ . (her)
2. Il a acheté sa voiture _____ (his own) parce que ses parents ne voulaient pas lui prêter la leur.
3. Mes parents _____ sont très snobs.
4. Mon mariage _____ n'a pas eu lieu dans une église.
5. Notre voyage _____ s'est très bien passé.
6. Leurs nièces _____ sont actrices.
7. Vous avez votre vélo _____ ?
8. Tu achètes ton ordinateur _____ ?

2D On utilise l'adjectif possessif si la partie du corps (le vêtement ou l'objet) est qualifiée par un adjectif autre que *droit* ou *gauche*. Choisissez entre l'article défini (avec une forme contractée si nécessaire) ou l'adjectif possessif. (Voir p. 243.)

1. Elle a ouvert _____ beaux yeux verts.
2. Le docteur m'a demandé d'ouvrir _____ bouche, de baisser _____ tête et de fermer _____ yeux.
3. Levez _____ main si vous savez la bonne réponse.
4. Il s'est cassé _____ bras.
5. Il s'est cassé _____ bras gauche.
6. Sa mère lui a coupé _____ cheveux.
7. Elle s'est blessée _____ petite main.
8. Je ne lui ai pas serré _____ main.
9. Je me suis coupé _____ doigt.
10. J'ai mal à _____ tête.
11. Tu as encore mal _____ dos?
12. Elle lui a pris _____ bras.

2E On utilise l'adjectif possessif s'il s'agit d'une action (d'un geste ou d'un mouvement) exercée sur un vêtement. (Voir p. 243.) Complétez les phrases suivantes avec la bonne forme de l'adjectif possessif.

1. Elle a déchiré _____ chemise.

2. Elle a mis _____ chaussettes neuves.

3. Il ne peut pas enlever _____ chandail.

4. Il a retroussé _____ manches.

2F La possession peut s'exprimer de diverses manières. (Voir p. 243.) Récrivez chaque phrase de trois autres façons.

1. C'est le bracelet de Michèle.

   a. _____

   b. _____

   c. _____

2. C'est le château du baron Flandrin.

   a. _____

   b. _____

   c. _____

3. C'est la Mercedes de Mme Leblanc.

   a. _____

   b. _____

   c. _____

3 LES ADJECTIFS ET PRONOMS INDÉFINIS

3A Traduisez les mots entre parenthèses. (Voir pp. 245-246.)

1. _____ (not a single) gérant n'est venu à la réunion.

2. En principe, _____ (anyone) peut devenir président des États-Unis.

3. _____ (certain people) disent qu'il faut se préparer pour une troisième guerre mondiale.

4. Je _____ (have no idea) de quoi vous parlez.

5. _____ (no one) n'a le droit de faire cela.

6. Elle n'a parlé _____ (to anyone).

7. Nous n'avons vu _____ (anyone) en nous promenant.

8. Dans une relation intime, il faut respecter _____ (the other person).

9. Voulez-vous _____ (something else) Madame?

10. Choisis un poème, _____ (any poem), et je te le lirai.

11. _____ (whatever) elle me dise, je ne la croirai pas.

12. On s'est disputé _____ (many times) avant de se quitter définitivement.

13. _____ (more than one) avion s'est écrasé en atterrissant.

14. _____ (all) les filles dans ce groupe veulent maigrir.

15. _____ (no) argument ne me semble convaincant dans cette histoire.

16. On nous a offert _____ (various) options.

17. _____ (each) problème à plusieurs solutions.

18. _____ (people are saying) qu'elle a collaboré avec les Allemands pendant l'Occupation.

19. Nous voudrions boire _____ (something) de froid parce qu'il fait si chaud.

20. _____ (both of them) ont été arrêtés ce matin.

21. _____ (like) père, _____ (like) fils.

22. _____ (whatever it is that) vous ayez fait, je vous aimerai toujours.

23. Dites-le à _____ (whomever you like), je m'en moque.

24. J'ai _____ (some) achats à faire cet après-midi.

25. Ils achètent toujours les _____ (same) choses.

3B **Faites une phrase avec chacun des termes suivants. (Voir pp. 247-252.)**

1. (autrui)

   _____
   _____

2. (quels que)

   _____
   _____

3. (n'importe qui)

   _____
   _____

4. (quelconque)

   _____
   _____

5. (l'un et l'autre)

   _____
   _____

6. (qui que ce soit que)

   _____
   _____

4A La particule *-là* peut marquer l'indignation ou l'appréciation. Traduisez les phrases suivantes en employant cette particule.

1. This cheese is delicious!

   _____

2. That child drives me crazy!

   _____

3. This dress looks so good on you!

   _____

4B *Ce (C')* est souvent employé comme sujet neutre du verbe *être* quand celui-ci est suivi d'un nom déterminé, d'un adjectif ou d'un pronom disjoint. Il introduit ce qui suit le verbe. Traduisez les phrases suivantes en employant *ce*.

1. It's a great success!

   _____

2. It's false.

   _____

3. They are twins.

   _____

4. It was they who lied.

   _____

5. Open the door, it's me!

   _____

6. I don't want to talk to anyone unless it's my psychiatrist.

   _____

4C Traduisez les phrases suivantes. Attention! Il s'agit d'expressions idiomatiques.

1. That's enough!

   _____

2. Besides that, everything is going well.

   _____

3. In the morning, I only drink one cup of coffee.

   _____

4. I don't care. Do as you like.

   _____

5. It's all the same to me.

_____

4D Traduisez les phrases suivantes en utilisant un ou plusieurs adjectifs possessifs.

1. She lost her husband, her sister and her best friend during the war.

    _____

    _____

2. They had to sell their house, their car and their books when they went bankrupt.

    _____

    _____

3. At the police station, I was asked to write my name, address and phone number on the form.

    _____

    _____

4E Traduisez les phrases suivantes en français.

1. That door is broken.

    _____

2. This table is new.

    _____

3. I like this dress but not that one.

    _____

4. She stole these papers.

    _____

5. We brought those plants.

    _____

6. No smoking in this building.

    _____

7. I picked the one you indicated.

    _____

8. Which ones do they want?

    _____

9. Which one was stolen?

    _____

10. It's cold today.

    _____

11. It is time to leave, the taxi is waiting.

    _____

12. Is it her room?

_____

13. Is it her money or his?

_____

14. He missed his bus.

_____

5 EXPRESSION ÉCRITE

5A Faites des phrases qui montrent bien l'emploi des mots donnés.

1. N'importe qui peut _____

_____

2. Il est tout à fait faux de dire que _____

_____

3. Tout en reconnaissant le fait que _____

_____

4. Quel que soit le bien fondé de _____

_____

5B Pour faire suite à l'introduction que vous avez écrite dans le chapitre précédent (Ch. 7, Ex. 7B), et en vous basant sur les arguments que vous avez avancés (Ch. 7, Ex. 7A), composez cinq paragraphes dans lesquels vous développez ces arguments.

1. _____

_____

_____

_____

_____

_____

_____

_____

_____

_____

2.

3.

4.

5.

CHAPITRE 9

Le subjonctif

1 LE PRÉSENT DU SUBJONCTIF

1A   Mettez les verbes suivants au présent du subjonctif et à la forme indiquée.
(Voir Tableau 9.1, p. 265.)

1.	nous (danser)	que _____
2.	vous (manger)	que _____
3.	tu (chanter)	que _____
4.	il (vendre)	qu' _____
5.	elles (entendre)	qu' _____
6.	nous (attendre)	que _____
7.	vous (réfléchir)	que _____
8.	tu (ne pas rougir)	que _____
9.	je (se divertir)	que _____
10.	vous (ne pas obéir)	que _____

1B   Il faut tenir compte de certains changements orthographiques au présent du subjonctif.
(Voir Tableau 9.2, pp. 265-266.) Mettez les verbes suivants au présent du subjonctif
et à la forme indiquée.

1.	tu (payer)	que _____
2.	vous (peler)	que _____
3.	nous (placer)	que _____
4.	nous (manger)	que _____
5.	je (ne pas amener)	que _____
6.	ils (répéter)	qu' _____
7.	on (essuyer)	qu' _____
8.	vous (ne pas acheter)	que _____
9.	cela (peser)	que _____
10.	nous (appeler)	que _____

1C Certains verbes irréguliers ont un subjonctif irrégulier. (Voir Tableau 9.3, p. 267.)
Mettez les verbes suivants au présent du subjonctif et à la forme indiquée.

1. vous (conclure)   que _____

2. tu (conclure)   que _____

3. nous (battre)   que _____

4. je (ne pas battre)   que _____

5. elle (courir)   qu' _____

6. vous (ne pas courir)   que _____

7. tu (acquérir)   que _____

8. nous (acquérir)   que _____

9. vous (s'asseoir)   que _____

10. on (s'asseoir)   qu' _____

11. elles (conduire)   qu' _____

12. tu (conduire)   que _____

13. il (ne pas connaître)   qu' _____

14. vous (connaître)   que _____

15. vous (craindre)   que _____

16. tu (craindre)   que _____

17. il (dire)   qu' _____

18. nous (dire)   que _____

19. tu (ne pas écrire)   que _____

20. vous (écrire)   que _____

21. nous (lire)   que _____

22. je (lire)   que _____

23. on (mettre)   qu' _____

24. elles (mettre)   qu' _____

25. elle (ouvrir)   qu' _____

26. nous (ouvrir)   que _____

27. tu (peindre)   que _____

28. vous (peindre)   que _____

29. il (plaire)   qu' _____

30. ils (plaire)   qu' _____

31. nous (résoudre)   que _____

32. elle (résoudre)   qu' _____

33. je (ne pas rire)   que _____

34. vous (rire)   que _____

35. on (suivre)   qu' _____

36. vous (suivre)   que _____

37. nous (vivre)   que _____

38. je (vivre)   que _____

1D Certains verbes irréguliers ont un radical pour les formes *je, tu, il/elle/on* et *ils/elles* et un autre radical pour les formes *nous* et *vous*. Consultez Tableau 9.4, p. 267 avant de mettre les verbes suivants au présent du subjonctif et à la forme indiquée.

1. ils (devoir)   qu' _____

2. vous (devoir)   que _____

3. tu (aller)   que _____

4. vous (aller)   que _____

5. elles (boire)   qu' _____

6. vous (boire)   que _____

7. elle (croire)   qu' _____

8. vous (croire)   que _____

9. on (fuir)   qu' _____

10. vous (fuir)   que _____

11. on (mourir)   qu' _____

12. vous (mourir)   que _____

13. ils (prendre)   qu' _____

14. vous (prendre)   que _____

15. elles (recevoir) qu' _____

16. vous (recevoir) que _____

17. ils (venir)   qu' _____

18. vous (venir)   que _____

19. je (voir)   que _____

20. vous (voir)   que _____

21. tu (vouloir)   que _____

22. vous (vouloir)   que _____

23. on (tenir)   que _____

24. vous (tenir)   que _____

1E D'autres verbes irréguliers comme *faire, pouvoir* et *savoir* n'ont qu'un seul radical. Complétez les phrases suivantes en utilisant le présent du subjonctif des verbes entre parenthèses. (Voir Tableau 9.5, p. 268.)

1. Si tu veux sortir ce soir, il faut que tu _____ (faire) la vaisselle.

2. Je doute qu'ils _____ (pouvoir) atteindre ce but.

3. Je ne crois pas qu'elle _____ (savoir) la vérité.

4. Il est essentiel que vous _____ (savoir) conjuguer les verbes.

5. Nous voulons que vous _____ (faire) l'effort.

6. Croyez-vous que nous _____ (pouvoir) réussir?

1F Complétez les phrases suivantes en utilisant le présent du subjonctif des verbes *avoir* ou *être*. Notez que les terminaisons de ces deux verbes ne sont pas régulières.
(Voir Tableau 9.6, p. 268.)

1. Nous sommes contents que vous _____ (être) heureux.

2. Je ne peux pas accepter que tu _____ (être) toujours en retard!

3. Cela me fâche qu'ils _____ (avoir) cette attitude.

4. Tu ne crois pas qu'il _____ (être) jaloux?

5. Il faut que nous _____ (avoir) de la patience.

6. Je doute qu'elle _____ (être) malhonnête.

7. Il vaut mieux que tu _____ (avoir) un sens de l'humour.

2 LE PASSÉ DU SUBJONCTIF

2A Mettez les verbes suivants au passé du subjonctif et à la forme indiquée.
(Voir Tableau 9.7, p. 269.)

1. elle (descendre)   qu' _____

2. nous (se promener)   que _____

3. il (neiger)   qu' _____

4. ils (construire)   qu' _____

5. tu (dormir)   que _____

6. elle (se plaindre)   qu' _____

7. on (ne pas demander)   qu' _____

8. nous (arriver)   que _____

9. ils (partir)   qu' _____

10. il (ne pas tuer)   qu' _____

2B Mettez les verbes entre parenthèses au passé du subjonctif.

1. Nous sommes heureux que vous _____ (venir) chez nous hier soir.

2. Je regrette qu'elle vous _____ (dire) cela.

3. Elle est fâchée que nous _____ (ne pas terminer) ce devoir à temps.

4. Il regrette que je _____ (ne pas aimer) le film.

5. C'est bizarre qu'elles _____ (partir) à cette heure-là.

6. C'est dommage qu'il _____ (ne pas vérifier) l'heure du départ.

7. Elle doute qu'il _____ (se raser) avant de partir.

8. Je ne crois pas que tu _____ (faire) ce travail tout seul.

3A On met le verbe de la subordonnée complétive au subjonctif quand le verbe de la principale exprime la volonté (désir, opposition, jugement, accord, consentement, préférence personnelle, etc.). Soulignez le verbe de volonté et mettez le verbe entre parenthèses au subjonctif. (Voir Tableau 9.8, p. 270.)

1. Ses parents ne consentent pas à ce qu'elle _____ (se marier) avec un homme divorcé.

2. J'aime mieux que mon enfant m' _____ (obéir).

3. Il est préférable qu'il _____ (pleuvoir) parce que la terre est sèche.

4. Je consens à ce qu'elle _____ (faire) quelque chose pour m'aider.

5. Nous voudrions que vous _____ (dire) quelques mots à ce sujet.

6. Je ne tolérerai pas que tu me _____ (parler) comme ça.

7. On s'oppose à ce que le gouvernement _____ (augmenter) encore les impôts.

8. Il vaut mieux que tu _____ (ne pas se faire) d'illusions là-dessus.

9. Je comprends que vous _____ (être) déçus.

10. Je voudrais qu'ils _____ (aller) en Afrique avec moi cet été.

3B Choisissez entre le subjonctif et l'indicatif dans les phrases suivantes. (Voir p. 271.)

1. Elle pense que nous _____ (avoir) une bonne chance de gagner le championnat.

2. J'espère qu'il _____ (devenir) médecin.

3. Je comprends qu'il _____ (être) question d'argent.

4. Je comprends que tu _____ (être) stressé.

3C On met le verbe de la subordonnée complétive au subjonctif quand le verbe de la principale exprime la nécessité (avantage, contrainte, convenance, importance, obligation, urgence, etc.). (Voir Tableau 9.9, p 271.)

1. Faut-il que je _____ (finir) ce projet?

2. Il est utile que vous _____ (savoir) parler français.

3. Nous avons hâte que la session _____ (finir).

4. Il est temps que vous _____ (changer) de perspective.

5. L'université exige qu'on _____ (suivre) ces trois cours.

6. Il est avantageux qu'elle _____ (pouvoir) suivre ces deux cours.

7. Peu importe qu'il _____ (neiger) ou qu'il _____ (pleuvoir).

8. Je ne suis pas d'accord avec le fait qu'il _____ (gagner) plus que vous.

9. Il convient que vous _____ (remercier) vos hôtes de leur hospitalité.

10. Le gérant a ordonné que nous _____ (fermer) le magasin.

3D On met le verbe de la proposition subordonnée complétive au subjonctif quand le verbe de la principale exprime la possibilité (réalisation possible ou impossible, réalisation possible mais rare, éventualité, réalisation attendue, etc.). Mettez les verbes suivants au subjonctif. (Voir Tableau 9.10, pp. 272-273.)

1. Il se peut que le monde financier _____ (s'écrouler) à cause des déficits énormes de presque tous les pays.

2. Il semble que l'Europe _____ (passer) à travers une crise politique sérieuse.

3. Il est rare qu'un enfant _____ (comprendre) les conséquences de ses actions.

4. Nous attendons qu'elles _____ (se trahir).

5. Il est peu probable que vous _____ (avoir) raison.

6. Il est impossible que je _____ (prendre) l'avion; cela coûte trop cher.

7. Je m'attendais à ce que vous _____ (se comporter) d'une manière raisonnable.

3E Choisissez entre le subjonctif et l'indicatif. (Voir p. 274.)

1. Il semble que vous _____ (se tromper).

2. Il me semble qu'elle _____ (avoir) tort.

3. Il est peu probable que je _____ (avoir) le temps d'écrire un roman cette année.

4. Il est probable qu'elle _____ (démissionner) à cause du comportement de son patron.

3F On met le verbe de la proposition subordonnée complétive au subjonctif quand le verbe de la principale exprime le doute (l'improbable, l'invraisemblable, le contestable, etc.). Mettez les verbes entre parenthèses au subjonctif. (Voir Tableau 9.11, p. 274.)

1. Il est discutable que votre idée _____ (être) la meilleure.

2. Il est peu sûr que le candidat _____ (gagner) l'élection.

3. On doute qu'ils _____ (pouvoir) construire cette maison dans les délais prévus.

3G Complétez les phrases suivantes.

1. Rien ne prouve que _____

_____ .

2. Il est faux que _____

_____ .

3. Il est invraisemblable que _____

_____ .

3H Complétez les phrases suivantes. Attention au temps du verbe! (Voir p. 274.)

1. Elle se doutait que _____
    _____ .

2. Nous doutons que _____
    _____ .

3. Il est certain que _____
    _____ .

4. Il est incertain que _____
    _____ .

5. Il est probable que _____
    _____ .

6. Il est peu probable que _____
    _____ .

3I On met le verbe de la proposition subordonnée complétive au subjonctif quand le verbe de la principale exprime un sentiment. Mettez le verbe entre parenthèses au subjonctif. (Voir Tableau 9.12, p. 275.)

1. Elle serait ravie qu'ils _____ (venir) passer quelques jours
    chez elle au bord de la mer.

2. Il est louable que vous _____ (ne plus boire) d'alcool.

3. Il est merveilleux que nous _____ (se voir) plus souvent.

4. Ils avaient peur que leur enfant _____ (mourir) dans la nuit.

5. Il est scandaleux qu'on _____ (permettre)
    aux gens de détruire des forêts tropicales.

3J Choisissez entre le subjonctif et l'infinitif. (Voir p. 276.)

1. Nous sommes triste de _____ (ne pas pouvoir) partir avec vous.

2. Il est dommage que l'ouragan _____ (détruire/passé du subjonctif)
    cette jolie maison.

3. Je suis heureuse de _____ (quitter) ce pays si froid.

4. Je suis content que votre voiture _____ (marcher) bien.

3K On met le verbe de la proposition subordonnée complétive au subjonctif quand celle-ci est introduite par l'une des conjonctions du Tableau 9.13 à la page 277. Complétez les phrases suivantes en utilisant la forme correcte de chaque verbe entre parenthèses.

1. Il a bien chanté malgré le fait qu'il _____ (trop manger/passé du subjonctif) juste avant le spectacle.

2. Ta mère t'a laissé une note pour que tu _____ (acheter) du lait en rentrant.

3. Le chien est sorti pendant la nuit sans que je l'_____ (entendre).

4. Je vous accompagnerai pourvu que vous me _____ (payer) le voyage.

5. Elle ne peut pas parler à moins que tu ne* _____ (se taire).

6. Je me suis levée avant que le réveil-matin ne _____ (sonner).

7. J'économise de l'argent en ce moment afin que mon époux et moi _____ (pouvoir) acheter une maison l'année prochaine.

8. Bien que Thérèse _____ (être) malade, elle s'est quand même présentée aux examens.

Voir page 229 et page 230 qui traitent de l'emploi du <u>ne</u> explétif.

3L Certaines des conjonctions du Tableau 9.13 ont une forme prépositive équivalente qui sont suivies d'un infinitif. N'oubliez pas que l'on utilise l'infinitif que si le sujet du verbe principal est le même que celui du verbe de la subordonnée. (On n'utilise la conjonction suivie du subjonctif que si le sujet du verbe principal est différent de celui du verbe de la subordonnée.) Complétez les phrases suivantes.

1. J'ai dit cela afin que tu _____

  _____ .

2. J'ai dit cela afin de _____

  _____ .

3. Je le ferai avant qu'elle ne _____

  _____ .

4. Je le ferai avant de _____

  _____ .

5. Nous acceptons votre décision à condition que Pierre

  _____ .

6. Nous acceptons votre décision à condition de _____

  _____ .

3M On met le verbe de la proposition subordonnée complétive au subjonctif quand celle-ci est introduite par un verbe d'opinion ou de déclaration à la forme négative ou interrogative parce qu'à ce moment-là on exprime l'incertitude ou l'improbabilité. Mettez les verbes entre parenthèses au subjonctif.

1. Croyez-vous qu'ils _____ (venir) aux funérailles?

2. Penses-tu que ce chien _____ (être) méchant?

3. Trouves-tu que ma sœur _____ (écrire) mal?

4. Je ne pense pas que tu _____ (pouvoir) finir tout ce travail avant midi, alors je sors sans toi.

5. Il ne croit pas que ceci _____ (être) possible.

Mais si ce qu'on dit ou ce qu'on pense est probable ou certain, on emploie l'indicatif. Si les verbes d'opinion et de déclaration sont à l'affirmatif, on emploie l'indicatif. Choisissez entre le subjonctif et l'indicatif.

6. Croyez-vous que les Martiens _____ (vouloir) visiter la terre?

7. Crois-tu qu'il _____ (avoir) faim quand il rentre?

8. Je dis que vous _____ (être) stupide.

9. Je suis certain que la musique classique _____ (être) la meilleure.

10. Il me semble qu'il _____ (falloir) améliorer le système.

3N Révisez le Tableau 9.15, p. 280 et complétez les phrases suivantes.

1. Le groupe Guns and Roses a annoncé que _____

2. Le professeur a dit que _____

3. Nous voyons que Wayne Gretsky _____

4. Il paraît que tes parents _____

5. Vous ne pensez pas que _____

6. J'ai dit que _____

3O On emploie le subjonctif dans une subordonnée relative si l'information n'est pas confirmée ou si il y a un élément de doute. Mettez les verbes entre parenthèses au subjonctif. (Voir p. 283.)

1. Je cherche un mécanicien qui _____ (pouvoir) réparer ma voiture.

2. Elle cherche un docteur qui _____ (savoir) guérir sa maladie.

3P On emploie le subjonctif dans une subordonnée qui qualifie le superlatif lorsqu'il y a un élément de doute quant à la véracité de ce qu'on dit. C'est pour atténuer le ton absolu du superlatif. Complétez chaque phrase avec la forme appropriée du subjonctif. (Voir p. 281.)

1. C'est le pire ragoût que j' _____ (jamais manger). *(passé du subjonctif)*

2. C'est la meilleure nouvelle qu'on _____ (pouvoir) me donner en ce moment.

3. C'est la plus belle femme que je _____ (connaître).

3Q On emploie le subjonctif dans une subordonnée qui qualifie un restrictif (c'est-à-dire les expressions telles que *le seul..., l'unique...*,etc.) quand il y a le moindre élément de doute dans ce qu'on dit. Complétez chaque phrase avec la forme appropriée du subjonctif. (Voir p. 281.)

1. Vous êtes sans doute la seule personne qui _____ (savoir) ce secret.

2. C'est le seul désir qu'il _____ (avoir)?

3. Pierre est le seul qui _____ (pouvoir) me comprendre dans cette affaire.

4 LE PRÉSENT OU LE PASSÉ DU SUBJONCTIF?

4A On emploie le présent du subjonctif dans la subordonnée complétive quand l'action du verbe est simultanée (en même temps) ou postérieure à (après) celle de la proposition principale. Complétez chaque phrase avec la forme appropriée du présent du subjonctif.

1. Je suis contente que tu _____ (être) ici avec moi ce soir.

2. Je ne crois pas qu'elle _____ (savoir) patiner.

3. Je doute que ma famille _____ (venir) chez moi à Pâques cette année.

4B On emploie le passé du subjonctif dans la subordonnée complétive quand l'action du verbe est antérieure à (avant) celle de la proposition principale. Complétez chaque phrase avec la forme appropriée du passé du subjonctif. (Voir pp. 283-284.)

1. Je suis heureuse que tu _____ (se marier) il y a deux mois.

2. Je ne pense pas qu'il _____ (neiger) pendant la nuit.

3. Je ne suis pas sûr qu'il _____ (être) malade la semaine dernière.

4C On emploie le passé du subjonctif dans la subordonnée complétive quand l'action du verbe est antérieure à (avant) un moment précisé, même dans l'avenir. Complétez chaque phrase avec la forme appropriée du passé du subjonctif.

1. Le professeur ne croyait pas qu'ils _____ (tricher) à l'examen final.

2. C'est bizarre qu'elle _____ (laisser) ses enfants chez sa cousine.

3. Je suis content que vous _____ (ne pas oublier) d'acheter du vin.

4. Elle est ravie que nous _____ (rendre) visite à sa mère lors de notre voyage en Chine.

5. J'étais surpris qu'il _____ (neiger) en mon absence.

6. Je ne pense pas qu'elle _____ (obtenir) son diplôme avant 1989.

5 TRADUCTION

5A On emploie le subjonctif dans des propositions indépendantes (sans verbes ou expressions qui précèdent) pour exprimer un souhait d'une manière formelle ou pour exprimer un ordre ou une suggestion à la troisième personne. (Voir p. 284.) Traduisez les phrases suivantes en français.

1. Long live the queen!

   _____

2. No one move!

   _____

3. Well, let him come in!

   _____

4. Let them wait!

   _____

5. May God forgive you.

   _____

5B On emploie le subjonctif dans une subordonnée relative si l'information n'est pas confirmée ou qu'il y ait un élément de doute. (Voir p. 285.) Traduisez les phrases suivantes en français.

1. The director is looking for a woman who could play this role.

   _____

   _____

2. I am looking for a professor who can explain the subjunctive to me.

   _____

   _____

1.   I am afraid that they will be angry.

   _____

2.   It is essential that you understand this concept.

   _____

3.   I am furious that you said that to my boyfriend!

   _____

4.   It's not very likely that my team will win.

   _____

5.   Long live the prince!

   _____

6.   Princess Diana had to leave Buckingham Palace.

   _____

7.   She wanted to leave. She was very unhappy.

   _____

8.   I am happy to be able to help you.

   _____

9.   They are demanding that you speak.

   _____

10.   Do you want to speak?

   _____

11.   I will wait until you are all quiet before I start to speak.

   _____

12.   I am sad (that) you're leaving.

   _____

13.   We are so happy that our parents are moving back to British Columbia.

   _____

   _____

14.   We were surprised to discover that he had embezzled our money.

   _____

   _____

6A Dites quatre choses que vous devez faire ou que vous devez éviter de faire en employant cinq expressions différentes qui expriment la nécessité.

1. _____
_____

2. _____
_____

3. _____
_____

4. _____
_____

6B Pour faire suite à l'introduction que vous avez écrite (Ch. 7, Ex. 7B) et aux paragraphes que vous avez rédigés (Ch. 8, Ex. 5B), composez une conclusion afin de terminer le devoir.

_____
_____
_____
_____
_____
_____
_____
_____
_____
_____
_____
_____
_____
_____
_____
_____
_____
_____
_____

CHAPITRE 10

Les adjectifs et pronoms interrogatifs

Les pronoms relatifs

1 LES ADJECTIFS ET PRONOMS INTERROGATIFS

1A L'adjectif interrogatif s'accorde en genre et en nombre avec le nom auquel il se rapporte, même s'il est séparé du nom par le verbe *être*. Mettez la bonne forme de l'adjectif. (Voir Tableau 10.1, p. 301.)

1. _____ est la date d'aujourd'hui?
2. _____ heure est-il?
3. _____ chapeau vas-tu porter ce soir?
4. _____ livres devez-vous lire en fin de semaine?
5. _____ robes sont déchirées?
6. _____ est son problème?
7. _____ est sa préférence dans cette situation?
8. _____ cours préfères-tu cette année?
9. _____ voiture avez-vous l'intention d'acheter?
10. _____ logiciel vas-tu acheter pour ton ordinateur?
11. _____ nouvelles merveilleuses!
12. _____ brave fille!
13. _____ est la différence entre un mythe et un stéréotype?
14. _____ remèdes y a-t-il contre le rhume?

1B Le participe passé s'accorde en genre et en nombre avec un objet direct qui le précède. Faites les accords suivants.

1. Quels livres est-ce que Hitler a brûlé _____ ?
2. Quels souliers as-tu choisi _____ ?
3. Quelle robe a-t-elle réparé _____ ?
4. Quelles fleurs ont été détruit _____ pendant l'orage?
5. Quelles idées ont été rejeté _____ à la réunion?

1C L'adjectif interrogatif peut être précédé par une préposition. Complétez chaque phrase avec la préposition appropriée.

1. _____ quelle heure doit-elle partir?
2. _____ quel droit as-tu fait cela?
3. _____ quel outil dois-je commencer?
4. _____ quel bout faut-il le prendre?
5. _____ quels papiers parlez-vous?

1D Complétez chaque phrase avec la forme appropriée du singulier du pronom interrogatif. (Voir Tableaux 10.2 et 10.3, p. 302.) Attention aux formes contractées!

1. _____ de vos enfants est le moins difficile?
2. Voici les deux chandails que je ne porte plus, _____ veux-tu?
3. _____ de ces produits vient d'Amérique du Sud?
4. Voilà trois chemises, _____ préférez-vous?
5. De tous les amis que tu as en Europe, _____ écris-tu le plus souvent?
6. Vous avez plusieurs sœurs, _____ ne téléphonez-vous que rarement?
7. Parmi tous les médicaments que le docteur peut nous donner, _____ a-t-on le plus besoin?
8. _____ de ces histoires fait-il allusion?
9. Je vous ai donné une liste de possibilités, _____ songez-vous?
10. Il y a trois magasins dans le coin qui vendent ce qu'elle cherchait; _____ est-elle allée?

1E Complétez chaque phrase avec la forme longue du pronom interrogatif. (Voir Tableau 10.3, p. 302 et Tableau 10.4, pp. 303-304.)

1. _____ vous mangez?
2. _____ vous faites ce soir pour vous amuser?
3. _____ vous prenez dans votre valise?
4. _____ vous pensez de mon idée?
5. _____ a tondu le gazon cet après-midi?
6. _____ va vider la poubelle pour moi?
7. _____ a nettoyé la cuisine et le salon?
8. _____ choisira les meubles?
9. _____ vous pensez? Vous avez l'air sérieux.
10. _____ il fait allusion en faisant cette remarque?
11. _____ vous avez besoin en ce moment?
12. _____ elle a envie d'acheter?
13. _____ elle a l'intention de faire?

14. _____ vous avez emporté avec vous?

15. _____ vous avez rencontré aujourd'hui?

16. _____ vous amenez avec vous?

1F **Complétez chaque phrase avec la forme courte du pronom interrogatif invariable. (Voir Tableau 10.5, p. 304.)**

1. _____ dites-vous?

2. _____ as-tu croisé dans la rue? (personne)

3. À _____ pensait-elle? (chose)

4. _____ aimez-vous? (personne)

5. _____ aimez-vous? (chose)

6. Avec _____ mange-t-on ces nouilles? (chose)

7. Avec _____ est-il allé au concert?

8. _____ va jouer au foot ce soir?

9. À _____ devez-vous écrire?

2 LES PRONOMS RELATIFS

2A **L'antécédent des pronoms relatifs *qui*, *que* et *dont* peut être une personne ou une chose. Choisissez le pronom relatif approprié. (Voir Tableau 10.6, p. 307.)**

1. La femme _____ vous avez vue est ma sœur.

2. Le livre _____ vous avez besoin appartient à mon professeur.

3. Le film _____ nous avons vu a été tourné en 1985.

4. C'est Lisa _____ m'a tout raconté.

5. J'ai lu un article _____ m'a beaucoup aidé à comprendre la nouvelle politique du gouvernement.

6. Le monsieur _____ j'ai déjà oublié le nom est parti il y a cinq minutes.

2B **Révisez le Tableau 10.6, p. 307 avant de faire cet exercice. Le pronom relatif peut être l'objet d'une préposition (*à/de*) ou d'une locution prépositive en *de*. Attention aux formes contractées!**

1. L'homme à _____ on a donné le prix n'est pas bien connu.

2. Ce à _____ nous faisons allusion, c'est l'histoire de Marilyn Monroe.

3. Les étudiants _____ le professeur a écrit risquent de rater l'examen final.

4. Voilà une complication à _____ on n'avait pas pensé.

5. Elle habite un château à l'intérieur _____ se trouvent des œuvres d'art magnifiques.

6. Ne pas nous engager avec cette personne est exactement ce à _____ nous pensions.

7. Ce n'est pas une personne à _____ j'ai beaucoup parlé dans le passé.

8. La rivière au bord de _____ nous allons passer nos vacances se trouve en Bretagne.

9. Le bâtiment en face de _____ j'habite est vide actuellement.

10. Les problèmes _____ vous référez me semblent insolubles.

2C Le pronom relatif peut aussi être l'objet d'une autre préposition. Mettez la bonne forme du pronom. Attention aux formes contractées!

1. À Londres, j'avais des amis parmi _____ il y avait beaucoup de Français.

2. Il a épousé une jeune femme avec _____ il avait voyagé en Asie.

3. Je ne sais pas le nom du magasin dans _____ elle a acheté ce cadeau.

4. Les arbres sous _____ nous nous sommes reposés étaient des chênes.

5. Ma mère a une belle maison derrière _____ elle fait pousser des pommiers.

6. Elle a travaillé dans une maison d'édition en 1995, une année durant _____ elle était très heureuse.

7. C'est une personne pour _____ je ferais n'importe quoi.

8. C'est la route sur _____ nous avons marché pendant des heures parce que notre voiture était tombée en panne ce jour-là.

9. Voilà un mur contre _____ on peut installer cette table pliante.

10. C'est la vraie raison pour _____ je ne suis pas venu.

2D Faites l'analyse grammaticale des pronoms relatifs après avoir révisé le Tableau 10.7, pp. 308-309 et après avoir lu les renseignements fournis aux pages 309-312. Donnez la fonction de chaque pronom relatif et soulignez son antécédent.

1. Voilà une voiture **qui** me plaît.

   _____

2. C'est un film **que** j'ai déjà vu deux fois.

   _____

3. C'était l'année **où** il a beaucoup neigé à Vancouver.

   _____

4. Le livre **dont** vous avez besoin ne se vend pas dans cette librairie.

   _____

5. C'est une politique contre **laquelle** il faut lutter.

   _____

6. C'est un homme pour **qui** les valeurs traditionnelles ne comptent pas.

   _____

7. On ne sait pas à **qui** appartiennent tous ces trésors.
   _____

8. C'est lui **qui** s'est vanté dans cette affaire.
   _____

9. Quel est le nom de la ville **où** vous êtes née?
   _____

10. C'est la porte par **où** il est sorti.
    _____

11. **Ce qui** m'agace, c'est ton attitude de supériorité.
    _____

12. Je me demande **ce qu'**elle a dit au juge.
    _____

13. **Ce dont** j'ai envie, c'est un mois de repos.
    _____

2E Choisissez entre *qui* ou *ce qui*.

1. Ma mère a joué un rôle clef dans ma vie, _____ est normal.
2. _____ m'inquiète, ce sont tes problèmes financiers.
3. Je connais un conseiller _____ pourra t'aider.
4. J'admire les gens _____ s'expriment bien en français.
5. Elle a encore gagné le tournoi de tennis, _____ n'a étonné personne.

2F Choisissez entre *que* ou *ce que.*

1. Mon secrétaire n'a pas fait _____ je lui avais demandé.
2. Dites-moi _____ vous en pensez.
3. Ils savaient _____ il fallait faire pour y arriver.
4. J'ai un logiciel très utile _____ je te prêterai pour que tu puisses l'essayer.
5. J'ai une robe très chic _____ tu pourras porter au bal.

2G Choisissez entre *dont* ou *ce dont.*

1. Vous n'avez pas compris _____ il est question.
2. Quel est le nom de l'actrice _____ la fille vient de se marier avec le fils du premier ministre.
3. Voilà un chien _____ j'ai très peur.
4. _____ je suis certain, c'est que je n'aurai pas assez d'argent pour vivre si on me renvoie.
5. Explique-moi _____ tu te plains.

2H Choisissez entre *de qui* et *duquel*. (Voir p. 315.)

1. C'est le quai le long _____ nous nous sommes promenés.

2. C'est le monsieur près _____ nous habitons.

3. Voici le bâtiment à côté _____ la bombe a explosé.

4. Voilà le journaliste à côté _____ vous étiez assis pendant le repas.

5. C'est le manuel au début _____ se trouve tous les verbes irréguliers.

2I Complétez les phrases suivantes. (Voir p. 315.)

1. Ce à quoi je rêve,

   _____

2. Ce contre quoi je me révolte,

   _____

3. Ce contre quoi je proteste,

   _____

2J Choisissez entre *qui, lequel* ou *laquelle*. (Voir p. 316.) Attention! Parfois deux réponses sont possibles.

1. C'est le commerçant pour _____ j'ai travaillé pendant deux ans.

2. C'est l'amie avec _____ j'ai fait un très beau voyage en Chine.

3. C'est une provocation à _____ il ne faut pas répondre.

4. Je veux vous présenter une fille avec _____ j'ai fait mes études.

5. C'est un collègue avec _____ je ne m'entends pas du tout.

3A On emploie l'adjectif interrogatif pour poser une question au sujet d'une personne ou d'une chose. La question peut être une demande de choix, d'identification ou d'information. Traduisez les phrases suivantes en français.

1. Which expression don't you understand?

   _____

2. What is the quickest way to go to Edmonton?

   _____

3. What explanation did he give for his strange behaviour?

   _____

   _____

4. Which computer did they finally choose?

   _____

5. What was the price of the most expensive painting at the auction?

   _____

   _____

3B On emploie le pronom interrogatif variable pour demander le choix d'une chose parmi plusieurs du même type. Ce groupe peut être mentionné dans la proposition même, ou dans la phrase ou l'élément de phrase qui précède. Traduisez les phrases suivantes en français.

1. Here are all my notes. Which ones do you need?

   _____

2. Which of the two coats will you buy?

   _____

3. Of all the poems we read today, which one do you like best?

   _____

   _____

4. Which car will we take to go to Toronto next week?

   _____

5. I have two options. Which one are you referring to?

   _____

3C On emploie le pronom interrogatif invariable pour poser une question sur une personne ou une chose inconnue. Traduisez les phrases suivantes en français.

1. Who won the Stanley Cup in 1975?

   _____

2. Who is going to represent us at the Olympics?

   _____

3. What was the result of all those negotiations?

   _____

4. What did you mean?

   _____

3D Traduisez les phrases suivantes.

1. She lent me everything I needed.

   _____

2. All I want is that you be happy.

   _____

3. The day he was born, there was an earthquake.

   _____

4. The children she played with were poor.

   _____

5. The rumour that I heard proved to be false.

   _____

6. I don't know the day when the wedding will take place.

   _____

7. That was the week it rained everyday.

   _____

8. That was the week my wallet was stolen.

   _____

3E Traduisez les phrases suivantes en employant le pronom relatif *où*. (Voir p. 315.)

1. That was the year his father died.

   _____

2. That was the week they separated.

   _____

3. That's the restaurant where I saw her for the first time.

   _____

4. That was the day her second child was born.

_____

4 EXPRESSION ÉCRITE

4A Complétez les phrases suivantes. (Voir Conseil 10.1, pp. 320-321.)

1. J'ai toujours apprécié les professeurs qui _____

_____ .

2. Je suis convaincu que _____

_____ .

3. Je ne participerai plus à ces réunions jusqu'à ce que _____

_____ .

4. Aussitôt qu'elle arrivera, _____

_____ .

5. Du moment que vous êtes là, _____

_____

6. Elle a d'autant plus de mérite qu'elle _____

_____ .

7. Tous les préparatifs seront faits de sorte que _____

_____ .

8. Quels que soient vos projets, _____

_____

4B En utilisant le devoir que vous avez terminé dans l'exercice 6B du chapitre précédent, soulignez les phrases complexes que vous avez employées et comptez-les.

Nombre de phrases complexes: _____

Ensuite, comptez le nombre de formules de transition que vous avez utilisées pour passer d'une idée à une autre.

Nombre de formules de transition: _____

Et maintenant, si vous n'êtes pas complètement satisfait(e) avec la structure et la cohérence de votre texte, faites les modifications nécessaires.

CHAPITRE 11

Les verbes pronominaux
Les expressions impersonnelles
La voix passive

1 LES VERBES PRONOMINAUX

1A Mettez les verbes ci-dessous au présent de l'indicatif, d'abord à la forme affirmative, puis à la forme négative. (Voir Tableau 11.1, p. 331.)

1. nous (se laver) _____

2. il (se réveiller) _____

3. vous (se marier) _____

4. je (se brosser les dents) _____

5. ils (se raser) _____

6. elle (se dépêcher) _____

7. tu (se rappeler) _____

8. on (s'amuser) _____

9. nous (se souvenir) _____

10. tu (se promener) _____

1B Mettez les phrases suivantes au passé composé. Attention à l'accord du participe passé! (Voir Tableau 11.1, p. 331.)

1. Les enfants se battent souvent.

   _____

2. Nous nous téléphonons.

   _____

3. Elles s'écrivent.

   _____

4. Je me promène le soir.

   _____

5. Ils se séparent.

   _____

6. Tu t'intéresses à la musique.

   _____

7. Ils se rencontrent devant la banque.

   _____

8. Vous vous asseyez sur des chaises.

   _____

9. On se lève tôt.

   _____

10. Nous nous plaignons de la nourriture.

    _____

11. Elle se casse la jambe.

    _____

12. Je me casse le bras.

    _____

1C Faites deux phrases avec les verbes suivants, l'une avec le verbe pronominal et l'autre avec le verbe non-pronominal. (Voir Tableau 11.2, p. 333.)

1. se laver/laver

   _____

   _____

   _____

2. se dire/dire

   _____

   _____

   _____

   _____

3. se mettre/mettre

_____

_____

_____

_____

4. s'entendre/entendre

_____

_____

_____

_____

5. s'attendre à/attendre

_____

_____

_____

_____

6. s'ennuyer/ennuyer

_____

_____

_____

_____

1D **Traduisez les phrases suivantes en anglais. Notez bien la valeur passive du verbe pronominal. (Voir Tableau 11.2, p. 333.)**

1. La bière ne se vend pas dans les épiceries au Canada sauf au Québec.

_____

_____

2. Elle est très nerveuse, ça se voit!

_____

3. Les fleurs, est-ce que ça se mange?

_____

4. Cela ne se fait pas dans ce pays.

_____

5. Cela ne se dit pas.

_____

6. Je m'appelle Tricia.

_____

7. Cette expression ne s'emploie que rarement en France. Elle est plus populaire au Québec.

_____

_____

1E Donnez la forme du verbe pronominal indiquée entre parenthèses.

1. Le bagnard _____ (s'enfuir/passé composé) pendant la nuit.

2. L'oiseau _____ (s'envoler/conditionnel présent) si le chat s'approchait de lui.

3. Elle _____ (se repentir/conditionnel

   passé) si elle _____ (se sentir/plus-que-parfait) coupable.

4. Le vieux bâtiment _____ (s'écrouler/présent de l'indicatif).

5. Ils _____ (se moquer/futur simple) de nous.

1F Certains verbes pronominaux au pluriel peuvent avoir un sens réfléchi (RÉF) ou un sens réciproque (RÉC). Indiquez le sens des verbes dans les phrases suivantes. (Voir p. 334.)

1. Ils s'aiment.   _____

2. Elles se frappent.   _____

3. Ils se regardent.   _____

4. Elles se déshabillent.   _____

5. Elles se maquillent.   _____

6. Ils s'écrivent.   _____

7. Ils se marient.   _____

8. Nous nous brossons les dents.   _____

1G Il ne faut pas confondre une forme pronominale qui indique une action avec un adjectif ou un participe qui indique le résultat d'une action. (Voir p. 334.) Dans les phrases suivantes, indiquez s'il s'agit d'une action (A) ou d'un fait accompli (FA).

1. Le chat *était allongé* sur le linge que je venais de plier. _____

2. Je *suis assise* toute la journée et j'ai souvent mal aux fesses à cause de cela. _____

3. *Nous nous levons* très tard le dimanche parce que *nous nous couchons* tard le samedi soir.

   _____

4. Il *était déjà levé* quand je lui ai téléphoné. _____

5. Elle *était couchée* parce qu'elle avait une migraine. _____

1H Faites des phrases qui illustrent bien le sens des verbes ci-dessous.
(Voir n°ˢ 4 et 5, p. 334.)

1. s'en faire

   _____

   _____

2. s'y faire

   _____

   _____

3. s'agir de

   _____

   _____

1I On utilise l'article défini en français lorsque le sujet d'un verbe pronominal agit sur une
partie du corps. L'anglais utilise le possessif. (Voir n° 4, p. 335.) Mettez l'article qui
convient dans le blanc.

1. Elle s'est foulé _____ cheville.
2. Je me suis cassé _____ doigt.
3. Elle s'est coupé _____ cheveux.
4. Il s'est cassé _____ bras.
5. Il faut que tu te brosses _____ dents.
6. Les enfants n'aiment pas se laver _____ visage.
7. Je t'ai dit de te laver _____ mains.

1J Le pronom réfléchi est souvent sous-entendu en anglais. En français, le pronom personnel
réfléchi est toujours exprimé. Traduisez les phrases suivantes en anglais.

1. Calmez-vous!

   _____

2. Nous nous levons vers huit heures.

   _____

3. Nous aimons nous promener dans le parc.

   _____

4. Je me réveille tôt à cause des trains.

   _____

2A Les verbes impersonnels sont toujours à la troisième personne du singulier. Leur sujet est toujours le pronom neutre et indéterminé *il*. Complétez les phrases suivantes. (Voir p. 336.)

1. Il pleut _____

    _____.

2. Il a neigé _____

    _____.

3. S'il fait beau _____

    _____.

4. Il s'agit de _____

    _____.

5. Il se passe _____

    _____.

6. Il est bizarre que _____

    _____.

7. Il paraît que _____

    _____.

2B Dites s'il s'agit d'une expression impersonnelle (oui) ou si ce n'est pas une expression impersonnelle (non).

1. Il n'est pas sûr de pouvoir le faire. _____

2. Il a fallu laisser les enfants dans la voiture. _____

3. Il paraît que vous n'êtes pas d'accord. _____

4. Il agira sans réfléchir. _____

5. Il s'agit d'un crime. _____

6. Il y a trente étudiants dans la classe. _____

3 LA VOIX PASSIVE

3A Une phrase est à la voix passive quand le sujet du verbe n'accomplit pas l'action mais la subit. À la voix active, le sujet fait l'action. Faites des phrases à la voix passive à partir des éléments donnés. (Voir nᵒˢ 1, 2, 3, pp. 337-338.)

1. Ce chien/battre/cet homme.

   _____

2. Les biscuits/prendre/cetenfant.

   _____

3. Cette voiture/voler/deux adolescents.

   _____

4. Cet enfant/mordre/un chien.

   _____

5. Leur héritage/gaspiller/le fils du défunt.

   _____

6. La photographie/inventer/deux Français, Daguerre et Niepce.

   _____

7. Le radium/découvrir/Pierre et Marie Curie.

   _____

3B Maintenant transformez les phrases ci-dessus à la voix passive (Ex. 3A) en phrases à la voix active.

1. _____
2. _____
3. _____
4. _____
5. _____
6. _____
7. _____

3C Mettez les verbes suivants à la forme passive. N'oubliez pas l'accord du participe passé. (Voir Tableau 11.4, p. 339.)

1. il trouvera _____
2. nous apprécions _____
3. j'avais battu _____
4. qu'ils aient séparé _____
5. il capturera _____
6. tu menaces _____
7. vous attendiez _____
8. je surprendrai _____

3D La voix passive peut être utilisée pour la description. Complétez les phrases suivantes en utilisant le verbe entre parenthèses à la voix passive. Attention à l'accord du participe passé!

1. La reine Elizabeth II _____ (couronner) en 1952.

2. Le Canada _____ (fonder) en 1867.

3. Marat, un des héros de la révolution française, _____ (assassiner) par une femme, Charlotte Corday, en 1793.

4. L'Algérie _____ (coloniser) par la France.

5. Cette année-là, la Camargue _____ (inonder).

6. Certaines régions de la Yougoslavie _____ (détruire) par la guerre.

7. La construction du Sacré-Cœur _____ (finir) en 1910.

8. *Guernica*, qui est un tableau célèbre, _____ (peindre) en 1937 par Picasso.

9. *La Charogne* _____ (écrire) par Baudelaire.

10. Le président Kennedy _____ (tuer) à Dallas en 1963.

3E Pour éviter la voix passive, on peut employer le pronom *on*. Mettez les phrases suivantes à la voix active. (Voir Tableau 11.5, p. 341.)

1. Cette partition a été jouée au concert.

    _____

2. Cette idée sera discutée à la réunion de la semaine prochaine.

    _____

3. Cette nouvelle avait été annoncée publiquement.

    _____

4. Ce produit est vendu partout maintenant.

    _____

5. La marijuana ne sera jamais légalisée au Canada.

    _____

3F Le verbe *être* peut être suivi d'un adjectif dans une description à la voix active (VA) ou il peut être l'auxiliaire d'un verbe à la voix passive (VP). Identifiez l'emploi (VA ou VP) dans les phrases suivantes.

1. La porte est ouverte. _____

2. La voiture est utilisée par tous les membres du club. _____

3. Ils ont été surpris. _____

4. Les clôtures sont peintes par les étudiants qui ne travaillent qu'en été. _____

5. Le directeur est occupé. _____

4A Révisez le Conseil 11.2 à la page 346 avant de choisir la négation qui convient.

1. Je n'ai _____ (still not) reçu de ses nouvelles.

2. Elle n'est _____ (not at all) religieuse.

3. Nous ne buvons _____ (never) de lait.

4. Ils ne sont _____ (anymore) mariés.

5. Tu ne manges _____ (not much); tu es très maigre.

6. Il ne se sent _____ (not/littéraire) apprécié.

7. Elle n'est pas d'accord _____ (either).

8. Nous n'avons _____ (yet) mangé.

4B Révisez le Conseil 11.4 à la page 347 avant de mettre les phrases suivantes à la forme négative.

1. Nous avons vu quelqu'un dans la rue.

   _____

2. Elle en a vendu plusieurs.

   _____

3. Tout me semble impossible en ce moment.

   _____

4. Vous avez beaucoup de choses à me dire?

   _____

5. Le chien a tout mangé.

   _____

6. Quelqu'un voulait me parler?

   _____

5A   Traduisez les phrases suivantes en français.

1.   I'm going to get married next month.

_____

2.   I am going for a walk.

_____

3.   We're going to be bored.

_____

4.   Do you think he is going to commit suicide?

_____

5.   I don't think she will remember us.

_____

6.   If he asks me out, I'm going to faint.

_____

7.   I don't think they will complain.

_____

5B   Traduisez les phrases suivantes en employant l'impératif et la forme indiquée des verbes donnés entre parenthèses.

1.   Have fun! (vous/s'amuser)

_____

2.   Let's hurry. (nous/se dépêcher)

_____

3.   Go to bed! (tu/se coucher)

_____

4.   Wash your hair. (tu/se laver les cheveux)

_____

5.   Brush your teeth. (vous/se brosser les dents)

_____

6.   Let's not get up too early tomorrow morning. (nous/se lever)

_____

7.   Don't get discouraged. (vous/se décourager)

_____

5C La construction *<to get + adjective/past participle>*, très usitée en anglais, est souvent exprimée en français par un verbe pronominal. Traduisez les phrases suivantes.

1. She is getting angry.

   _____

2. They are getting divorced.

   _____

3. They are getting married.

   _____

4. We are getting impatient.

   _____

5. He gets upset very easily.

   _____

5D Traduisez les phrases suivantes en français. Évitez, si possible, la voix passive.

1. Several American presidents have been assassinated.

   _____

2. Five children were kidnapped.

   _____

3. Several soldiers were decorated.

   _____

4. The rugs would have been cleaned.

   _____

5. Spanish is spoken in Mexico.

   _____

6. His book was published.

   _____

7. Mini-skirts are not worn anymore.

   _____

8. His car was hit by a truck.

   _____

5E   Révisez le Conseil 11.2 à la page 346 avant de traduire les phrases suivantes.

1. They don't study very hard either.

   _____

2. I can't find my wallet anywhere.

   _____

3. You still haven't cleaned your room!

   _____

4. I don't think so.

   _____

5. Don't ever say that!

   _____

5F   Révisez le Conseil 11.3 à la page 347 avant de traduire les phrases suivantes.

1. I don't have a single art book in my collection.

   _____

2. No politician would ever support such a measure.

   _____

3. I didn't have any idea what he meant.

   _____

4. No child will be allowed to leave the school without special permission.

   _____

6 EXPRESSION ÉCRITE

6A   Révisez le Conseil 11.5 à la page 347 avant de créer des phrases à l'aide des conjonctions négatives entre parenthèses.

1. Avec deux noms sujets (Ni...ni...ne...)

   _____

2. Avec deux pronoms compléments d'objet direct (ne...ni...ni...)

   _____

3. Avec deux noms objets directs (ne...pas de...ni...de)

   _____

   _____

4. Avec deux participes passés (ne...ni...ni...)

_____

_____

5. Avec deux infinitifs (ne...ni...ni...)

_____

_____

6. Avec deux propositions subordonnées (ne pas que...ni que...)

_____

_____

6B Écrivez des phrases en utilisant les expressions entre parenthèses.

1. (ne...pas...non plus)

_____

_____

2. (ne...aucunement)

_____

_____

3. (ne...nulle part)

_____

_____

4. (Aucun...ne...)

_____

_____

5. (ne...pas une...)

_____

_____

6. (Nulle...ne...)

_____

_____

7. (Pas un...ne...)

_____

_____

8. (Rien ne...)

_____

_____

CHAPITRE 12

Les infinitifs
Les participes
Le discours indirect

1 LES INFINITIFS

1A Complétez les phrases suivantes en utilisant l'infinitif présent du verbe indiqué entre parenthèses. (Voir Tableau 12.1 et nᵒˢ 1 et 2, p. 357.)

1. Nous devrons _____ (drive) toute la nuit.

2. Je dois _____ (protect myself) contre ses attaques.

3. Il a fallu _____ (sell) la maison.

4. Mais que _____ (to do)?

5. Elle va _____ (to be) très fâchée quand elle va _____ (to come home).

6. Tu ne pourrais pas _____ (shave) avant de m'embrasser?

7. Je doute _____ (to be able) le faire.

8. _____ (to love), c'est le plus grand défi de notre existence.

9. Il a agi sans _____ (thinking) et les conséquences ont été catastrophiques.

10. _____ (to fight wars), ça me dégoûte!

1B Donnez l'infinitif présent des verbes suivants.

1. il est mort _____

2. que vous ayez _____

3. je viendrai _____

4. nous nous sommes levés _____

5. il faudrait _____

6. il a plu _____

7. vous n'aurez pas fait _____

8. que tu ailles _____

9. il a joint _____

10. ils ne se sont pas plus _____

1C L'infinitif présent passif d'un verbe transitif direct est formé de l'infinitif présent de l'auxiliaire *être* suivi du participe passé du verbe. (Voir nº 3, p. 357.) Faites des phrases passives.

Modèle: ce vieux bâtiment/démolir/le propriétaire
  →   **Ce vieux bâtiment va être démoli par le propriétaire.**

1. le piano/qu'elle adore/vendre/son beau-père.
   _____

2. cet enfant/punir/son père.
   _____

3. ce tableau/acheter/un millionnaire.
   _____

4. ce livre/publier/une maison d'édition réputée.
   _____

1D Dans une phrase négative, les deux éléments *ne... pas, ne... plus*, etc., précèdent généralement l'infinitif présent et aussi les pronoms objets. (Voir nº 3, p. 359.) Complétez les phrases suivantes à l'aide d'un infinitif à la forme négative.

1. Elle m'a ordonné de
   _____

2. Sa mère lui a demandé de
   _____

3. J'ai débranché le téléphone afin de
   _____

4. Il m'a forcé de
   _____

1E L'infinitif passé (voix active) est une forme comprenant l'infinitif présent de l'auxiliaire suivi du participe passé du verbe en question. (Voir nºˢ 1-5, pp. 357-358.) Traduisez les mots entre parenthèses en employant l'infinitif passé.

1. Après _____ (having embraced me), il m'a quitté sans un mot.
2. Après _____ (having eaten) trop d'ail, il s'est senti mal.
3. Après _____ (having locked) la porte, elle s'est rendu compte qu'elle n'avait pas ses clefs.
4. Après _____ (having relaxed), nous sommes sortis boire un pot.
5. Après _____ (having seen) sa note, il a décidé de ne plus suivre de cours d'anglais.

1F Complétez les phrases suivantes en mettant les verbes entre parenthèses à l'infinitif passé.

1. _____ (ne pas avoir) assez de l'argent pendant nos vacances nous a vraiment embêtés.

2. J'avais peur de _____ (partir) trop tôt.

3. Je vous donnerai les schémas après les _____ (analyser).

4. Après nous _____ (inviter), il a changé d'idée et a annulé la fête.

5. Après lui _____ (faire des reproches), elle l'a giflé.

1G Donnez l'infinitif passé des verbes suivants.

1. je prends _____

2. qu'il ait connu _____

3. il haït _____

4. vous ne finirez pas _____

5. ils s'éloignent _____

6. elles ne s'inscrivent pas _____

7. tu as conclu _____

8. nous battrons _____

9. je n'ai pas su _____

10. on est allé _____

1H Dans une phrase négative, les deux éléments de la négation précèdent généralement l'infinitif passé ainsi que les pronoms objets. Complétez les phrases suivantes à l'aide d'un infinitif passé à la forme négative.

1. Il a avoué ne pas les _____

    _____

2. Le patron nous a priés de ne pas la _____

    _____

3. Il a déclaré ne jamais l' _____

    _____

4. Anne préfère ne plus le _____

    _____

1I L'infinitif (ou la proposition subordonnée infinitive) peut être le sujet d'un verbe. Traduisez les mots entre parenthèses. (Voir n° 1, en bas de la p. 359.)

1. _____ (Living) seul est souvent impossible pour les smicards; il faut partager les frais.

2. _____ (Dancing) frénétiquement est un moyen très efficace de maigrir.

3. _____ (Giving birth to) un enfant, c'est l'expérience la plus belle de la vie.

4. _____ (Being) franc avec ses collègues, c'est parfois difficile.

5. _____ (Buying) une belle maison, c'est mon rêve.

1J Complétez les phrases suivantes en ajoutant *à, de,* ou en ne mettant rien. (Voir Tableaux 12.4, 12.5 et 12.6, pp. 360-361.)

1. Il s'amuse _____ taquiner sa sœur.

2. Je m'engage _____ finir ce projet avant le 30 avril.

3. Il faut se garder _____ trop critiquer les autres.

4. Vous pensez _____ partir demain?

5. Ils espèrent _____ voyager cet hiver.

6. Mettons-nous _____ travailler maintenant ou alors nous ne finirons jamais notre projet.

7. As-tu accepté _____ le remplacer?

8. Je compte _____ lui parler demain.

9. Nous regrettons _____ ne pas vous avoir écrit.

10. Elles persistent _____ se moquer de lui.

1K Trois verbes peuvent être suivis soit de la préposition *à* soit de la préposition *de* lorsqu'ils introduisent un infinitif. Lesquels? Faites des phrases qui illustrent bien chaque cas. (Voir la rubrique *Attention!*, p. 361.)

1. a. _____
   _____

   b. _____
   _____

2. a. _____
   _____

   b. _____
   _____

3. a. _____
        _____

    b. _____
        _____

1L Révisez le Tableau 12.7 à la page 362 et complétez chaque phrase avec *à* ou *de.*

1. Nous n'étions pas prêts _____ partir.

2. Je suis heureuse _____ vous revoir.

3. Elle est capable _____ saisir les nuances de ce texte.

4. Vous êtes libre _____ sortir si vous voulez.

5. Cet étudiant est si lent _____ répondre à mes questions que je perds patience.

6. Mon sac-à-dos est lourd _____ porter, j'y ai mis trop de livres.

7. Vous êtes le seul _____ saisir la portée de mon idée.

8. Tu es fou _____ aimer cette fille. Elle ne s'intéresse pas du tout à toi.

9. On est content _____ se reposer un peu.

10. Tu es la première _____ m'en parler.

1M Certains infinitifs peuvent être utilisés comme noms ou peuvent faire partie d'un nom composé. Complétez les phrases suivantes en traduisant les mots entre parenthèses.

1. Réveillons-nous très tôt demain pour voir le _____ (sunrise).

2. Il n'a pas du tout un sens du _____ (know-how.)

3. Ils ont envoyé des _____ (announcements) quand leurs enfants se sont mariés.

4. Au Rwanda, les forces rebelles ont saisi _____ (power).

5. Il n'a pas encore maîtrisé le _____ (speech) de tous les jours en anglais.

1N L'infinitif peut aussi être utilisé dans une exclamation ou une interrogation. Complétez les phrases suivantes avec un infinitif.

1. _____ ? Moi, jamais!

2. _____ avant les examens? Rarement!

3. Tu _____ ma voiture? Pas question!

4. _____ avec lui? Jamais, je préfère rester célibataire!

5. Que _____ ? Je n'ai pas d'argent.

10 L'infinitif remplace souvent l'impératif dans les indications, les avis ou les recettes. Complétez la recette suivante en traduisant le mot entre parenthèses.

(1) _____ (Mix) tous ces ingrédients. Y (2) _____

(add) de la farine en quantité suffisante pour permettre d'étendre la pâte; (3) _____

(cut) la pâte avec un couteau de table, puis (4) _____ (sprinkle) du sucre

d'érable tamisé sur chaque biscuit avant de (5) _____ (put) les biscuits au four.

Faire (6) _____ (bake) à chaleur modérée (300-375 ° F) jusqu'à ce qu'ils soient dorés.

1P L'infinitif présent est la forme du verbe employée après la plupart des prépositions. Font exception *après* (suivi de l'infinitif passé) et *en* (suivi du participe présent). Mettez le verbe à la forme qui convient. (Voir nᵒ 4, p. 363.)

1. Il a fait cela pour me _____ (to humiliate).
2. Après _____ (sitting down), il a commencé à lire.
3. Pour mieux _____ (to understand) le projet, il faut lire tous les textes préparatifs.
4. Elle a quitté la maison sans _____ (having eaten).
5. Tu réussiras en _____ (working) fort.

2 LES PARTICIPES

2A Donnez le participe présent (voix active) des verbes suivants. (Voir Tableau 12.8, p. 364.)

1. marcher _____
2. être _____
3. savoir _____
4. voir _____
5. devenir _____
6. faire _____
7. essuyer _____
8. tomber _____
9. se lever _____
10. avoir _____
11. dormir _____
12. finir _____
13. lire _____

14. boire _____

15. s'aimer _____

2B

Mettez les verbes ci-dessous au participe présent composé. (Voir Tableau 12.10, p. 365.)

Modèle: écoutant
→ **ayant écouté**

1. prenant _____
2. pleurant _____
3. descendant _____
4. volant _____
5. se regardant _____
6. se déshabillant _____
7. écrivant _____
8. se suicidant _____
9. achetant _____
10. votant _____

2C

Mettez les participes présents composés ci-dessous à la voix passive.

Modèle: ayant appelé
→ **ayant été appelé**

1. ayant construit _____
2. ayant trahi _____
3. ayant bombardé _____
4. ayant appris _____
5. ayant attaqué _____
6. ayant déçu _____
7. ayant convaincu _____
8. ayant nettoyé _____

2D

Complétez les phrases suivantes à l'aide du participe présent composé des verbes entre parenthèses.

1. Son père, _____ (partir) pour l'Europe la veille, ne pouvait pas l'aider.
2. _____ (perdre) son porte-monnaie, le petit garçon s'est mis à pleurer.
3. _____ (tomber) malade, notre professeur a été remplacé par le directeur.
4. _____ (se lever) à six heures, il a tout fini avant midi.
5. _____ (ne pas aller) chez sa mère ce jour-là, elle n'a pas appris la nouvelle immédiatement.

2E Les pronoms objets précèdent le participe présent. Complétez chaque phrase à l'aide du pronom approprié. (Voir p. 366.)

1. Vous l'aimerez en _____ (him) rencontrant, j'en suis sûr!

2. Je me suis fâché en _____ (her) voyant parce qu'elle portait mon chandail.

3. J'ai réglé le problème en _____ (them) offrant mille dollars.

4. Il a réussi en _____ (them) convainquant de l'aider.

2F Le participe présent sert souvent à exprimer un complément circonstanciel de temps, de moyen, de manière, de condition, ou de concession. Cette forme du participe présent, toujours précédée de la préposition *en*, s'appelle «le gérondif». Cette forme est invariable. Complétez les phrases suivantes en utilisant la forme du gérondif des verbes entre parenthèses. (Voir p. 366.)

1. Les soldats, démoralisés par la défaite, marchaient _____ (traîner) leurs provisions.

2. Je l'ai vu _____ (quitter) le magasin.

3. Elle a clarifié la situation _____ (donner) beaucoup d'exemples.

4. Vous atteindrez vos buts en _____ (sacrifier) tout le reste.

5. Il a fait venir un gendarme _____ (crier) comme un fou.

2G Certains participes peuvent être utilisés comme noms. Ceux-ci prennent un genre et un nombre. Traduisez les mots entre parenthèses en français.

1. C'est nous, les _____ (losers).

2. Seulement les _____ (residents) ont le droit de stationner dans la rue.

3. Tous les _____ (supporters) de cette philosophie seront poursuivis et punis par le dictateur.

4. Tous les _____ (producers) de soie se trouvaient à Lyon à l'époque.

5. Tous les _____ (people taking part) recevront une lettre donnant tous les détails nécessaires.

2H Certains participes présents peuvent être utilisés comme adjectifs. Ceux-ci s'accordent en genre et en nombre avec le nom ou le pronom qu'ils qualifient. (Voir Tableau 12.11, p. 367.) Complétez les phrases suivantes avec l'adjectif verbal qui convient.

1. C'était une soirée _____ (where we danced).

2. C'est un travail _____ (tiring).

3. C'est une idée _____ (which provokes thought).

4. L'atmosphère dans la salle était _____ (suffocating).

5. Ils ont des opinions _____ (diverging).

6. Le candidat _____ (preceding) était le meilleur à mon avis.

7. Je trouve cette conférence très _____ (stimulating).

21 Le participe présent peut s'utiliser à la place d'une proposition relative soit pour exprimer une raison ou une cause, soit pour exprimer une action simultanée. Remplacez les mots soulignés par un participe présent.

1. Nous cherchons des gens <u>qui veuillent</u> participer à nos expériences.

   _____

2. <u>Puisqu'il n'avait pas</u> d'argent, il faisait de l'auto-stop.

   _____

3. <u>Parce qu'il ne croyait pas</u> en Dieu, il a été rejeté par sa famille.

   _____

4. <u>Parce qu'il voulait</u> être là avant les autres, il a quitté la maison très tôt.

   _____

3 LE DISCOURS INDIRECT

3A Mettez les phrases suivantes au discours indirect d'après le *Modèle 1* à la page 369.

1. Pierre répond : «J'en ai marre!»

   _____

2. Le premier ministre déclare : «Je ferai tout mon possible pour améliorer les conditions économiques de ce pays.»

   _____

   _____

3. Le professeur dit : «L'examen aura lieu le 30 mai.»

   _____

4. Alison insiste : «Je ne peux pas vous accompagner.»

   _____

5. Ma femme m'annonce : «Nous allons avoir un bébé!»

   _____

3B Mettez les phrases suivantes au discours indirect d'après le *Modèle 2* à la page 369.

1. Mon patron me demande : «Est-ce que tu crois que tu mérites cette promotion?»

   _____

   _____

2. Son professeur lui demande : «Avez-vous fini votre composition écrite?»

   _____

   _____

3. Le bibliothécaire me demande : «As-tu rendu le livre?»

_____

4. Ma mère veut savoir : «Es-tu malade?»

_____

3C Mettez les phrases suivantes au discours indirect d'après le *Modèle 3* à la page 370. Étudiez bien Tableau 12.12 à la page 370 et notez que le verbe de la proposition principale est au passé.

1. Marie a déclaré : «Je veux devenir actrice.»

_____

2. Le musicien a dit : «J'aurai terminé le concert à 11 heures.»

_____

3. J'avais dit : «J'ai gagné mais je ne peux pas expliquer comment.»

_____

4. Elle disait toujours : «Je le ferai quand je serai riche.»

_____

5. Nous avons dit : «Nous nous sommes mariés.»

_____

3D Mettez les phrases suivantes au discours indirect d'après le *Modèle 4* à la page 371.

1. Les Leroux m'ont demandé : «Qu'est que vous pensez de notre pays?»

_____

2. Elle m'a demandé : «Qu'est ce que vous étudiez à l'université?»

_____

3. Ma mère a demandé : «Qu'est-ce que tu voudrais manger ce soir?»

_____

4. Mon père m'a demandé : «Qu'est-ce que tu feras de ta motocyclette puisque tu n'as plus de permis de conduire?»

_____

_____

5. Il m'a demandé : «Qu'est-ce que tu comptes faire cet été?»

_____

_____

3E Mettez les phrases suivantes au discours indirect d'après le Tableau 12.13 et le Tableau 12.14, pp. 371-372.

1. Je leur ai demandé : «Qui est-ce qui a gagné le match de football hier?»

   _____

   _____

2. Nous lui avons demandé : «Qu'est-ce qui te rend triste aujourd'hui?»

   _____

   _____

3. Je leur demande : «Qu'est-ce qu'il y a dans cette boîte?»

   _____

   _____

4. Elle lui a demandé : «Qui est-ce que vous aimez?»

   _____

   _____

5. Ils m'ont demandé : «Combien gagnez-vous à l'usine?»

   _____

   _____

6. Il me demande : «Où êtes-vous né?»

   _____

   _____

7. On me demandait : «Pourquoi parlez-vous comme ça?»

   _____

   _____

8. On m'a demandé avant-hier : «Quand allez-vous finir votre contrat?»

   _____

   _____

3F Mettez les phrases suivantes au discours indirect d'après le *Modèle 6* à la page 372.

1. Le concierge disait toujours : «Fermez la porte à clef en partant.»

   _____

   _____

2. Le professeur a dit : «Levez la main si vous savez la réponse.»

   _____

   _____

3. Ma mère me dit souvent : «Prépare-toi pour l'avenir.»

   _____

   _____

4.   Le professeur nous a ordonné : «Ne parlez pas pendant l'examen.»

     _____

     _____

5.   Je lui ai suggéré : «N'oubliez pas votre composition et soyez à l'heure.»

     _____

     _____

3G   **Mettez les phrases suivantes au discours indirect d'après le *Modèle 7* à la page 373.**

1.   J'ai dit à Paul : «Le gouvernement a refusé de renouveler votre contrat.»

     _____

     _____

2.   L'infirmière a dit à ma sœur : «Votre mari est mort pendant la nuit.»

     _____

     _____

3.   Ma camarade de chambre m'a dit : «Ton père est venu te voir cet après-midi.»

     _____

     _____

4.   Elle m'a demandé : «Est-ce que ton chien s'appelle Fido?»

     _____

     _____

5.   Elle s'est demandé : «Est-ce que j'ai raison de ne pas accepter cette offre?»

     _____

     _____

4A S'il y a un pronom objet dans la phrase, il précède l'infinitif dont il est objet. (Voir p. 359.) Traduisez les phrases suivantes.

1. I don't think he can do it.

   _____

2. I have to explain it to them.

   _____

3. You can't understand this?

   _____

4. He must have said it.

   _____

5. I'm sorry for not having voted for her.

   _____

4B Traduisez les phrases suivantes en employant un participe présent à la forme négative. (Voir n° 1, p. 366.)

1. Not having enough money, they were unable to eat at the restaurant.

   _____

   _____

2. Not speaking Chinese fluently, they were often misunderstood while on holidays in China.

   _____

   _____

3. Not being a very patient person, he fired him on the spot.

   _____

   _____

4. Not wanting to appear ignorant of the facts, he remained silent.

   _____

   _____

5. Not knowing England as I did, he was unaware that the climate would not suit him.

   _____

   _____

4C Traduisez les phrases suivantes en employant le participe présent composé à la forme négative.

1. Not having finished her doctorate, she was unable to find work in her field.

   _____

   _____

2. Not having eaten all that was on his plate, he couldn't have any dessert.

   _____

   _____

3. Not having understood what she meant, I asked a stupid question.

   _____

   _____

4. Not having wanted to travel with them, I remained at home and enjoyed a quiet and enjoyable holiday.

   _____

   _____

5. Not having shaved that morning, he looked tired.

   _____

4D Traduisez les phrases suivantes en français. (Voir nos 1, 2, 3, 4, 5, p. 368.)

1. Thank you for helping me when I needed someone.

   _____

2. Instead of studying, we watched movies on TV.

   _____

3. I was going to become a doctor but I changed my mind.

   _____

4. He is in the process of writing his memoirs.

   _____

5. We are going to eat in five minutes.

   _____

6. I hear them shouting.

   _____

7. She heard us sighing and asked us what was the matter.

   _____

8. Being patient will help you accomplish your goals.

   _____

5A   Complétez les phrases suivantes.

1.   Tout en me promenant, _____
   _____

2.   Après s'être installé près de la cheminée, _____
   _____

3.   N'ayant pas eu de réponse, _____
   _____

4.   Sans vouloir l'offusquer, _____
   _____

5B   Écrivez la conversation que vous imaginez entre vous et quelqu'un qui vous insulte parce que, sans le vouloir, vous l'avez bousculé dans un corridor. Ensuite, transposez ce dialogue en petite histoire où vous utilisez le discours indirect.

a)   conversation prise sur le vif

_____
_____
_____
_____
_____
_____
_____
_____
_____
_____

b)   histoire de l'incident

_____
_____
_____
_____
_____
_____
_____
_____
_____
_____
_____

Réponses aux exercices

Chapitre 1
Le présent
L'impératif

1 A

1. te rends
2. nous grandissons
3. vous vendez
4. j'habite
5. nous réfléchissons
6. elles acceptent
7. elle attend
8. il pâlit
9. tu cherches
10. j'arrive

1 B

1. je ne confonds pas
2. elles ne réfléchissent pas
3. nous ne réparons pas
4. je n'aide pas
5. tu ne descends pas
6. elle ne s'habille pas
7. nous ne nous reposons pas
8. vous ne vous embêtez pas
9. ils ne se réveillent pas
10. elles ne s'entendent pas

1 C

1. elles découvrent
2. nous offrons
3. je souffre
4. tu couvres
5. vous recouvrez
6. tu dors
7. il fait
8. je meurs
9. nous craignons
10. ils mettent
11. nous promettons
12. je compromets
13. il suit
14. ils sont
15. elle a
16. on connaît
17. elle sait
18. nous savons

1 D

1. je me réveille
2. je ne me lève
3. je me lave
4. je m'habille
5. je me peigne
6. nous nous parlons
7. nous nous taquinons
8. nous ne nous disputons jamais
9. nous nous dépêchons
10. nous ne nous trompons jamais

1 E

1. j'achève, elle achève, elles achèvent, nous achevons, vous achevez
2. je mène, tu mènes, on mène, nous menons, vous menez
3. je gèle, il gèle, ils gèlent, nous gelons, vous gelez
4. je place, tu places, vous placez, nous plaçons
5. j'annonce, vous annoncez, elles annoncent, nous annonçons
6. je juge, tu juges, vous jugez, nous jugeons
7. je loge, tu loges, vous logez, nous logeons
8. j'épelle, tu épelles, on épelle, noud épelons, vous épelez
9. tu rejettes, on rejette, elles rejettent, nous rejetons, vous rejetez
10. je rappelle, tu rappelles, elles rappellent, nous rappelons, vous rappelez
11. tu paies (payes), il paie (paye), elles paient (payent), nous payons, vous payez
12. je vouvoie, tu vouvoies, on vouvoie, nous vouvoyons, vous vouvoyez
13. je m'essuie, elle s'essuie, ils s'essuient, nous nous essuyons, vous vous essuyez
14. je cède, tu cèdes, on cède, nous cédons, vous cédez
15. tu tolères, on tolère, ils tolèrent, nous tolérons, vous tolérez

1 F

1. faites
2. a
3. écrivons
4. crains
5. conduisent/ont
6. suivent
7. vivent
8. lisez
9. vois
10. croyons/croient
11. dites
12. disent
13. faisons
14. défont/ne partent plus
15. refont
16. Avez
17. ai
18. allons
19. Vas
20. ne connaît pas
21. mets
22. dorment
23. sert
24. apprend
25. ne nous comprenons pas
26. se méprend
27. êtes
28. sommes
29. court
30. parcourent
31. accourt
32. plaint
33. peignent
34. ne nous plaignons plus
35. poursuit
36. vient
37. retien
38. revenez
39. devient
40. tenons
41. ne peuvent plus/n'ont plus
42. peut
43. voulons
44. veulent
45. ne rions pas/pleut/faut
46. buvons/prenons
47. dois
48. plaît
49. reçois
50. déçoit

1 G

1. vaut
2. se ressemble/s'assemble
3. roule/n'amasse pas
4. dansent
5. pèse
6. Aide-toi
7. vaut

1. c   2. a   3. g   4. b   5. d
6. e   7. f

1 H

1. (i) Il aime travailler pour gagner de l'argent?
   (ii) Est-ce qu'il aime travailler pour gagner de l'argent?
   (iii) Aime-t-il travailler pour gagner de l'argent?
   (iv) Pourquoi est-ce qu'il aime travailler?
2. (i) Elle se lève à six heures du matin?
   (ii) Est-ce qu'elle se lève à six heures du matin?
   (iii) Se lève-t-elle à six heures du matin?
   (iv) Quand se lève-t-elle?
3. (i) Nous allons la voir ce soir?
   (ii) Est-ce que nous allons la voir ce soir?
   (iii) Allons-nous la voir ce soir?
   (iv) Quand allons-nous la voir?

Exercices 1I et 1J = réponses variées

2 A

1. Chante!
2. Parle!
3. Arrête!
4. Danse!
5. Ouvre!
6. Offre!
7. Aie!/Ayons!
8. Sache!/Sachons!
9. Sois!/Soyons!
10. Veuillez!
11. Fais!/Faisons!
12. Vends!/Vendons!
13. Attends!/Attendons!
14. Finis!/Finissons!
15. Écris!/Écrivons!
16. Lis!/Lisons!
17. Va!/Allons!
18. Dis!/Disons!
19. N'entre pas!
20. Ne fumez pas!
21. Ne me parle plus!
22. Ne prenez jamais de drogue!
23. Ne partons pas!
24. N'ayez pas peur!
25. Ne dites rien!
26. Ne mange rien!
27. N'achetons rien!
28. Ne dormez pas!
29. Lève-toi!/Levons-nous!
30. Lave-toi!/Lavons-nous!
31. Habille-toi!/Habillons-nous!
32. Assieds-toi!/Asseyons-nous!
33. Ne nous disputons pas!
34. Ne vous asseyez pas...
35. Ne t'endors pas...
36. Ne te repose pas...
37. Ne nous dépêchons pas...
(38 à 42 = réponses variées)

Exercices 2B et 2C = réponses variées

3 A

1. Il chante (en ce moment).
   Il chante le dimanche.
   Il chante quelquefois.
2. Étudie-t-elle (en ce moment)?
   Étudie-t-elle le dimanche?
   Étudie-t-elle quelquefois?
3. Ils se disputent (en ce moment).
   Ils se disputent souvent.
   Se disputent-ils quelquefois?

3 B

1. Je viens de manger.
2. Nous venons d'arriver.
3. Ils viennent de se marier.
4. Je viens d'écrire une lettre.
5. Tu viens de voir un film?

3 C

1. Elle va manger dans cinq minutes.
2. Nous allons voir un film ce soir.
3. Ils vont se marier.
4. Il va écrire un roman.
5. Vas-tu partir bientôt?/Est-ce que tu vas partir bientôt?

3 D

1. Je fume depuis cinq ans.
2. Nous nous écrivons depuis trois mois.
3. Il travaille à la même usine depuis six ans.
4. Elle apprend le français depuis le mois de septembre.

3 E

1. Il est en train de lire.
2. Ils sont en train de manger.
3. Elle est en train d'écrire une lettre.
4. Êtes-vous en train d'étudier?/ Est-ce que vous êtes en train d'étudier?
5. Elle est en train d'expliquer la situation.

Exercices 4A et 4B = réponses variées

Chapitre 2
Les noms
Les articles

1 A

1. le communisme
2. la rue
3. le sarcasme
4. le voyage
5. la plage
6. la journée
7. la folie
8. la couleur
9. la nation
10. le danseur
11. le chapeau
12. la déesse
13. la solitude
14. la pitié
15. la passoire
16. l'avion (m)
17. le devoir
18. le cheval
19. le palmier
20. l'incident (m)

1 B

1. stove/frying pan
2. dead person/death
3. critic/criticism
4. veil/sail
5. vase/mud
6. job (position)/mail
7. tour/tower
8. nap, snooze/sum, amount
9. book/pound
10. mould/mussel

1 C

1. la chienne
2. la cane
3. la guenon
4. la vache
5. la louve
6. la brebis
7. la biche
8. la dinde
9. la truie
10. la chatte
11. la jument
12. la poule
13. la brebis
14. une souris mâle
15. un rhinocéros femelle
16. un rat femelle

1 D

1. une professeure
2. une auteure
3. une écrivaine

Exercice 1E = réponses variées

1 F

Noms ayant un seul genre : un amateur, un être humain, un personnage, une personnalité, une sommité, une vedette

1 G

1. Le père et l'oncle sont partis ce matin.

2. Le parrain déteste le roi parce que celui-ci est son frère.
3. Le héros aimerait être un prince ou bien un comte.
4. Mon copain est mon meilleur compagnon.

1 H
1. e
2. h
3. j
4. i
5. d
6. a
7. c
8. b
9. f
10. g

1 I
1. des lits
2. des tables
3. des journaux
4. des récitals
5. des trous
6. des bijoux
7. des travaux
8. des détails
9. des Canadiens
10. des Français
11. des messieurs
12. mesdemoiselles
13. des jeunes gens
14. les cieux (sens religieux), les ciels (sens physique)
15. des yeux
16. les grands-pères
17. les ouvre-bouteilles
18. les va-et-vient
19. les gratte-ciel
20. les réveille-matin
21. les porte-monnaie
22. les arcs-en-ciel
23. des timbres-poste
24. des couvre-lits
25. des porte-manteaux

2 A
1. la (a)
2. l' (m)
3. l' (m)
4. la (a)
5. l' (m)
6. l' (m)
7. la (a)
8. le (a)
9. le (a)
10. l' (m)
11. la (a)
12. la (a)
13. les (m)
14. les (a)

2 B
1. Le professeur donne un examen aux étudiants.

2. Nous parlons au médecin à propos de ces médicaments.
3. Elle travaille le samedi depuis un an.
4. L'enfant a peur des chiens.
5. Ils parlent français à la maison et ils étudient le latin à l'université.
6. Mon anniversaire est le 4 janvier.
7. Le livre que je préfère appartient à Mme Lelonde.
8. Elles visitent la France, la Suisse et le Mexique.
9. L'année passée le taux de chômage a augmenté.
10. Avant de se coucher il faut se brosser les dents.
11. Jeudi prochain nous allons à la bibliothèque.
12. La Révolution française a commencé en 1789.
13. Elle a acheté la robe, le manteau et les souliers qu'elle voulait.
14. Nous allons aux États-Unis.
15. Nous profitons de l'expérience.
16. Le lait coûte cinq francs le litre.
17. Je me lave les mains.
18. La Loire est le plus long fleuve de France.
19. Voilà la plus belle fille du monde.
20. J'irai vous voir mardi avant mon départ.
21. Nous avons des dictées tous les jours dans notre cours de français.
22. Il prépare de bons plats.
23. Il ne veut pas de vacances.
24. Je prends des médicaments pour mon rhume.
25. Ils sont tous les deux musulmans.
26. Il y a des fruits et des légumes dans le frigo.
27. Pour faire les crêpes il faut de la farine, des œufs, du lait, du sucre et du beurre.
28. Le hockey est un sport fascinant.
29. Son frère a souvent mal aux dents.
30. Au Canada, en hiver, on doit souvent enlever la neige.

2 C
1. article indéfini
2. article indéfini
3. préposition
4. préposition
5. article indéfini
6. article défini contracté
7. article indéfini
8. article défini contracté/article défini contracté
9. article indéfini/article indéfini
10. article indéfini

2 D
1. absence de l'article avant un nom de ville

2. absence de l'article après la préposition *avec*
3. absence de l'article après la préposition *en*
4. absence de l'article après la préposition *avec*
5. absence de l'article après une expression de quantité
6. absence de l'article après la préposition *de* + complément de nom
7. absence de l'article après la préposition *de* + complément de l'adjectif
8. absence de l'article avant une apposition
9. absence de l'article après une expression de quantité
10. absence de l'article avant un nom de ville

2 E
1. Ils ont de l'ambition.
2. Nous avons du courage.
3. Elle a beaucoup de patience.
4. J'ai du talent.
5. Il a de la chance.

1. Ils n'ont pas d'ambition.
2. Nous n'avons pas de courage.
3. Elle n'a pas beaucoup de patience.
4. Je n'ai pas de talent.
5. Il n'a pas de chance.

3
1. Elle est médecin.
2. Nous visitons toujours la France quand nous allons en Europe.
3. La vie est courte.
4. Je joue au baseball le samedi.
5. La façade du bâtiment n'a pas de fenêtres.
6. Je n'ai pas de sœurs.
7. Nous avons un chien, un chat et un cheval.
8. J'aime la soupe, la salade et les légumes.
9. Voilà de belles roses.
10. Les remarques du professeur sont intéressantes.
11. J'ai du travail à faire pour demain.
12. As-tu/Avez-vous de la monnaie?
13. Je suis des cours de biologie, de mathématiques et de français cette année.
14. Ils n'ont jamais d'argent.
15. Vous êtes tous des gagnants.
16. J'ai besoin d'une tasse de farine pour préparer ce gâteau.
17. Nous avions beaucoup d'amis à cette époque/en ce temps-là.
18. Le champs était couvert de neige.
19. Nous avons parlé du passé/d'autrefois.
20. Savez-vous/Sais-tu jouer aux échecs?

4 A

1. Il y a beaucoup d'hôtels dans le village.
2. Madame Latour est la patronne la plus méchante du monde.
3. D'habitude, on va se baigner le jeudi et le samedi.
4. Je joue souvent au tennis.
5. Elle vient de trouver l'adresse de son amie.

Exercices 4B et 4C = réponses variées

Chapitre 3
Le passé composé
Le passé simple

1 A

j'ai visité/j'ai passé/nous sommes monté(e)s/sommes allé(e)s/nous nous sommes promené(e)s/nous avons pris/j'ai pris/il a plu souvent/j'ai dû/m'a permis

1 B

1. vous avez dansé
2. on a rencontré
3. j'ai voyagé
4. tu as attendu
5. il a vendu
6. elles ont répondu
7. elle a grandi
8. nous avons réfléchi
9. vous avez fini
10. elle est venue
11. elles sont nées
12. nous sommes sorti(e)s
13. il est mort
14. on est resté
15. tu es parti(e)
16. vous êtes tombé(e)(s)
17. elle est entrée
18. tu es descendu(e)
19. j'ai eu
20. tu as été
21. elle a couru
22. il a tenu
23. nous avons suivi
24. vous avez couvert
25. ils ont offert
26. elles ont souffert
27. j'ai bu
28. elle a cru
29. on a lu
30. nous avons résolu
31. il a vécu
32. j'ai fait
33. elles ont conduit
34. tu as ri
35. vous avez dit

1 C

1. pouvoir
2. atteindre
3. démissionner
4. rougir
5. être
6. peindre
7. prédire
8. mépriser
9. sourire
10. avoir

1 D

1. J'ai su la vérité.
2. Nous avons vu un film.
3. Elle a dû travailler.
4. J'ai aperçu une ruelle.
5. Avez-vous pu l'aider?
6. A-t-il fallu traduire en anglais?
7. Nous avons écrit des lettres?
8. Nous avons ri.
9. Ce film vous a-t-il plu?
10. Vous avez voulu partir?

1 E

1. rentrés/rentrées
2. arrivées
3. revenus
4. allées
5. pas d'accord
6. pas d'accord
7. cassée
8. lavées
9. succédées
10. pas d'accord
11. pas d'accord
12. vus/vues
13. levée
14. pardonné
15. pas d'accord
16. pas d'accord
17. entendue
18. pas d'accord
19. pas d'accord/évanouie
20. achetés
21. tournés
22. pas d'accord
23. pas d'accord
24. pas d'accord
25. pas d'accord
26. pas d'accord/pas d'accord
27. pas d'accord/écrite
28. pas d'accord
29. apprise
30. apprise
31. proposées
32. proposées
33. comprise
34. pas d'accord
35. faite
36. pas d'accord
37. donnée
38. pas d'accord

1 F

1. Tu as déjà rempli ton verre.
2. Il a beaucoup plu.
3. Vous avez trop mangé.
4. Vous avez assez bu.
5. Nous avons souvent visité la France.
6. La secrétaire a mal tapé le document.
7. Tu as bien travaillé?
8. Elle a mal dormi.

1 G

1. ai sorti
2. est descendue
3. est passée
4. sommes sorti(e)s
5. as rentré
6. a monté
7. sont montés
8. a passé
9. a sorti
10. est retournée
11. a retourné

1 H

1. Je n'ai rien mangé.
2. Je n'ai rien bu.
3. Je n'ai vu personne.
4. Je ne suis jamais sorti(e).
5. Je ne suis allé(e) nulle part.
6. Je n'ai rien lu.
7. Je n'ai aimé aucune émission de télévision.
8. Rien d'intéressant ne m'est jamais arrivé.
9. Personne ne m'a aimé.
10. Personne ne m'a téléphoné.

1 I

1. A-t-il mangé tous les petits pains?
2. Leur a-t-elle téléphoné pour prendre de leurs nouvelles?
3. Lui a-t-elle rendu visite la semaine dernière?
4. A-t-il fait son lit ce matin avant de partir?
5. A-t-on soupçonné quelque chose de louche dans cette affaire?
6. A-t-il invité quelquefois certains de ses amis chez lui?
7. A-t-on essayé parfois de tricher?
8. Y a-t-il encore eu quelque chose à faire?

2 A

1. chercha
2. allâmes
3. marcha
4. chantâmes
5. grandirent
6. réussit
7. rougîmes
8. divertit
9. répondîmes
10. attendit
11. défendit
12. confondis

2 B
1. j'eus
2. elle vint
3. on mit
4. tu fis
5. je fus
6. elle sut
7. on répondit
8. elles offrirent
9. vous vîtes
10. tu dis
11. nous bûmes
12. nous naquîmes
13. ils battirent
14. elles moururent
15. j'écris
16. nous vécûmes
17. il voulut
18. elle souffrit
19. j'arrivai
20. elle crut

2 C
1. je fis, tu fis, il fit, nous fîmes, vous fîtes, ils firent
2. je fus, tu fus, il fut, nous fûmes, vous fûtes, ils furent
3. j'eus, tu eus, elle eut, nous eûmes, vous eûtes, ils eurent
4. je pris, tu pris, elle prit, nous prîmes, vous prîtes, ils prirent

2 D
1. naquit
2. j'achetai
3. sus
4. fut
5. manifesta
6. eûmes
7. refusa
8. plongeai
9. porta
10. hurla
11. n'eurent
12. écrivit
13. eut
14. collectionnâmes
15. joua
16. but
17. fut
18. fit
19. connut
20. vit
21. voyagea
22. revint
23. rasa
24. fit

3
1. Il a fait trois fautes avant d'y renoncer.
2. Ils se sont écrits pendant une année et puis ils ont perdu contact.
3. Nous sommes arrivés juste à l'heure pour la deuxième séance.

4. Blanche-Neige mangea la pomme empoisonnée et elle s'endormit.
5. Je n'ai pas pu venir à ta/votre fête.
6. J'ai dû laisser mon portefeuille dans l'autobus.
7. Elle a essayé la robe mais elle a décidé de ne pas l'acheter.
8. Quand il s'est levé, il a renversé son café.
9. Nous avons déménagé au printemps de 1995.
10. Il a retourné le biftek.
11. Je l'ai rencontrée à Londres au marché.
12. Elle est tombée et s'est cassé la cheville.
13. Quand il est arrivé chez lui, il a eu une grande surprise.
14. As-tu mangé avant de venir?
15. Avez-vous dû aller à l'hôpital pour votre migraine?
16. As-tu gagné ton match de tennis?
17. T'es-tu levé(e) tard ce matin?

Exercices 4A et 4B = réponses variées

Chapitre 4
Les adjectifs
Les adverbes
La comparaison

1 A
1. seule
2. loyale
3. fâchée
4. ronde
5. vraie
6. jolie
7. dure
8. spéciale
9. natale
10. satisfaite
11. importante
12. éblouie
13. bleue
14. gaie
15. sûre
16. persane

Exercice 1B = réponses variées

1 C
1. partielle
2. cruelle
3. nulle
4. nette

5. pareille
6. lasse
7. grasse
8. gentille
9. politicienne
10. bonne
11. épaisse
12. sotte
13. gestuelle
14. violette
15. intellectuelle
16. telle
17. solennelle
18. exceptionnelle
19. annuelle
20. basse
21. grosse
22. italienne
23. ancienne
24. mignonne
25. muette
26. coquette
27. vermeille
28. quotidienne

1 D
1. heureuse
2. fiévreuse
3. furieuse
4. respectueuse
5. courageuse
6. religieuse
7. peureuse
8. amoureuse
9. orageuse
10. somptueuse
11. ambitieuse
12. paresseuse
13. jalouse
14. précieuse
15. douce
16. rousse
17. fausse
18. vieille

1 E
1. trompeuse
2. menteuse
3. travailleuse
4. chercheuse
5. voleuse
6. flatteuse
7. donneuse
8. moqueuse
9. rieuse
10. blagueuse

1 F
1. supérieure
2. antérieure
3. intérieure
4. mineure
5. inférieure
6. extérieure
7. majeure
8. postérieure

1 G
1. protectrice
2. conservatrice
3. admiratrice
4. corruptrice
5. créatrice
6. séductrice
7. consolatrice
8. usurpatrice

1 H
1. enchanteresse
2. vengeresse

1 I
1. secrète
2. inquiète
3. concrète
4. incomplète
5. discrète
6. complète
7. désuète
8. replète

1 J
1. sportive
2. neuve
3. vive
4. attentive
5. pensive
6. portative
7. passive
8. hâtive
9. compulsive
10. craintive
11. active
12. dépressive
13. agressive
14. chétive
15. veuve
16. plaintive
17. négative
18. compétitive
19. brève
20. nocive

1 K
1. première
2. printanière
3. chère
4. régulière
5. amère
6. familière
7. légère
8. étrangère
9. dernière
10. policière
11. coutumière
12. mensongère

1 L
1. belle/bel
2. folle/fol
3. nouvelle/nouvel
4. molle/mol
5. vieille/vieil

1 M
1. blanche
2. fraîche
3. grecque
4. oblongue
5. maligne
6. turque
7. traîtresse
8. favorite
9. franche
10. longue
11. sèche
12. publique
13. bénigne
14. hébraïque

1 N
1. ambiguë
2. contiguë
3. aiguë

1 O
1. Denise est canadienne, belle, intellectuelle, superstitieuse et comique.
2. Jean est américain, paresseux, séducteur, diplomate et actif.
3. Mon entraîneur de hockey est sportif, musclé, populaire et célibataire.

1 P
1. des chaises rouges
2. des hommes francs
3. des expériences négatives
4. des petits enfants
5. des femmes fatiguées
6. des garçons menteurs
7. des tantes gentilles
8. des mères irritées
9. des filles sportives
10. des tables grises
11. des gros nuages
12. des livres épais
13. des bébés furieux
14. des vents frais
15. de mauvais chauffeurs de taxi
16. des coiffeurs impulsifs
17. de bonnes étudiantes
18. de vieilles histoires
19. de longs moments
20. des employées actives

1 Q
1. Les vieux hébreux sont très curieux.
2. Les courtisanes persanes sont importantes et ravissantes.
3. Les récitals sont banals.
4. Les garçons sont bons et beaux.
5. Les jeunes gens sont francs.
6. Ce sont des pays brumeux et montagneux.
7. Les jeunes filles sont pieuses et amoureuses.

1 R
1. idéals/idéaux
2. fatals
3. finals
4. navals
5. glaciaux/glacials

1 S
1. adjectif de couleur invariable
2. adjectif de couleur modifié
3. adjectif invariable
4. adjectif invariable (avant le nom)
5. expression invariable
6. adjectif de couleur basé sur un nom de chose
7. nom composé au singulier (adjectif qui précède est invariable)
8. adjectif invariable (avant le nom)

1 T
1. cher
2. verts
3. américains
4. fort énervés
5. neuves
6. roses
7. sales
8. heureuses
9. bleu marine
10. toute belle
11. canadiens, italiens
12. mélancolique
13. prêtes
14. demie
15. nu
16. nus
17. tout émerveillés

1 U
1. Avez-vous d'autres questions?
2. J'adore faire la grasse matinée!
3. Cette pauvre femme vient de perdre son fils.
4. Cette famille pauvre...
5. Ma belle-mère...
6. C'est une belle plante.
7. Elle aime acheter les meubles anciens.
8. C'est un ancien professeur.
9. J'ai quitté Paris durant la dernière semaine de juillet.
10. La semaine dernière...
11. Gandhi fut un grand homme.
12. Les joueurs de basket-ball sont des hommes grands.
13. Ma chère amie...
14. C'est un gentil garçon.
15. Nous avons une longue histoire...
16. La meilleure chose...
17. Quelle affreuse surprise!
18. C'est une vieille tradition....
19. ...conduire ma propre voiture
20. ...un homme seul.

1 V

1. Vous êtes une gentille petite fille.
2. Racontez-nous une dernière histoire drôle.
3. Donne-moi les gros ballons orange.
4. Je vais à un bon restaurant grec ce soir.
5. Elle nous a acheté un autre cadeau très cher.
6. Jeanne porte un vieux manteau rose.
7. À l'époque, j'habitais un grand studio confortable.
8. Elle a emprunté mes nouvelles cassettes espagnoles.
9. Émilie voudrait acheter ces belles bottes noires.
10. M. Rochefort adore la bonne bière anglaise.

2 A

1. gracieusement
2. follement
3. sèchement
4. grossièrement
5. naïvement
6. jalousement
7. doucement
8. négativement
9. effectivement
10. complètement

2 B

1. vraiment
2. passionnément
3. rapidement
4. physiquement
5. incroyablement
6. poliment
7. simplement
8. joliment
9. spontanément
10. rarement

2 C

1. gaiement
2. goulûment
3. assidûment
4. crûment

2 D

1. énormément
2. aveuglément
3. confusément
4. profondément
5. intensément
6. immensément
7. précisément
8. impunément

2 E

1. couramment
2. constamment
3. puissamment
4. galamment
5. étonnamment

6. méchamment

2 F

1. prudemment
2. évidemment
3. impatiemment
4. patiemment
5. intelligemment
6. décemment

2 G

1. bien
2. gentiment
3. mieux
4. brièvement
5. mal
6. pis

Exercices 2H, 2I, 2J, 2K = réponses variées

2 L

1. debout
2. souvent
3. assez
4. certes
5. encore/mieux
6. ensemble
7. près
8. après-demain/très
9. beaucoup
10. ailleurs
11. trop/mal
12. combien
13. plus
14. autrefois/maintenant
15. vite

2 M

1. Il est très stupide.
2. Avez-vous bien mangé?
3. Ils ont trop bu hier.
4. On part immédiatement après le concert.
5. Ils ne se parlent plus maintenant.
6. Cet enfant pleure beaucoup.
7. Les deux pays ont finalement signé le traité.
8. Il va sans doute arriver à cinq heures.
9. Elle n'a pas encore écrit la lettre.
10. Elles se sont saluées froidement.
11. Donnez-le-moi tout de suite.
12. Ils ont déjà vu ce film.
13. C'est mieux de ne pas se plaindre.
14. Elle n'a malheureusement pas été reçue.
15. La patronne lui a ordonné de bien laver le plancher.

3 A

1. moins intelligent que
2. plus âgée que
3. aussi beau que

4. plus malheureuse que
5. (réponses variées)

3 B

1. aussi fort que
2. moins vite que
3. plus souvent que
4. moins dangereusement que
5. moins abstraitement que

3 C

1. plus d'argent que
2. autant de travail que
3. plus de chances qu'un
4. plus de...que
5. moins de droits que

3 D

1. moins que
2. plus que
3. autant que
4. moins que
5. autant que

Exercice 3E = réponses variées

3 F

1. Tu es plus poli que Georges.
2. Nous sommes moins agressifs que toi.
3. Vous êtes aussi indifférent(e)(s) que moi.
4. Un camion consomme plus d'essence qu'une voiture.
5. Sarah a moins de jouets que sa cousine.
6. Nous avons autant de tact qu'eux.
7. C'est la femme la plus âgée du groupe.
8. C'est l'hôtel le moins beau de la ville.
9. C'est l'enfant le plus brillant de l'école.

3 G

1. Moi, je chante mieux que toi.
2. Moi, je suis plus intelligent(e) que toi.
3. Moi, j'ai de meilleurs amis que toi.
4. Ma famille et moi, nous habitons dans un plus beau quartier que toi.
5. Moi, je réussis à mes examens plus souvent que toi.
6. Moi, j'ai une plus belle voiture que toi.

3 H

1. la plus jalouse
2. la moins grande
3. la plus appréciée
4. le moins blessé
5. le plus vite

6. le moins bien
7. le plus lentement
8. le plus vite

3 I
1. le plus de
2. le moins de
3. le plus d'argent
4. le plus de

3 J
1. le plus
2. le moins
3. le plus
4. le moins

3 K
1. les pires
2. le mieux/le moins
3. pire
4. les pires
5. le meilleur
6. la mieux
7. la moindre
8. le meilleur

Exercice 3L = réponses variées

4 A
1. Nous avons vu/On a vu quelque chose de formidable à la foire.
2. Rien de nouveau n'est arrivé depuis la dernière fois que je vous ai vu(s)/qu'on s'est vus.
3. J'ai rencontré quelqu'un d'intéressant hier soir.
4. J'ai lu quelque chose d'incroyable/d'invraisemblable dans le journal aujourd'hui.

4 B
1. C'est facile à dire mais difficile à faire.
2. À mon avis, il vient de faire quelque chose de très bête/stupide.
3. Notre chien est énorme, gentil et superstitieux. Il évite les chats noirs.
4. Sa mère est petite, brune et très jolie.
5. Elle l'a rendu heureux.
6. Faites attention/Prenez garde! Les rues sont glissantes.
7. Le nouveau-né/Le nouveau bébé a les yeux bleus, les cheveux blonds et les doigts roses et potelés.
8. Ma voiture est vieille et rouillée. Je vais en acheter une neuve si je gagne à la loterie.
9. La représentation était exceptionnellement belle/d'une beauté exceptionnelle.

10. Nous avons passé une nuit exceptionellement froide dans les montagnes.
11. Le test était extraordinairement difficile/d'une difficulté exceptionelle.
12. On a demandé à un ami très fort de nous aider à sortir du banc de neige en poussant la voiture.
13. Le poulet était trop cuit.
14. Elle a commandé un plat très épicé.
15. Ma nouvelle table est noire et ovale.
16. Êtes-vous/Es-tu membre du Parti conservateur?
17. C'est un bon film à voir.
18. C'est un bon livre à lire.
19. C'est la meilleure attitude à adopter.
20. J'ai un(e) étudiant(e) doué(e) dans ma classe.
21. C'est un devoir qui demande beaucoup d'effort.

4 C
1. C'est si peu/petit!
2. Il lui faut apprendre cela différemment/d'une manière différente.
3. Ils attraperont l'autobus à temps.
4. Ils sont partis en même temps.
5. Les levriers courent très vite.
6. C'est une politicienne très occupée.
7. En ce moment je suis très heureux/heureuse.
8. Il nous a déjà insultés à maintes reprises/plusieurs fois.
9. Quelquefois/Parfois je me sens désespéré(e).
10. À ce moment-là il n'était pas disponible pour faire des commentaires.
11. Elle travaille présentement sur sa thèse.
12. Il a regardé la sculpture avec admiration.
13. Sa sœur? Non! Ce n'est pas sa sœur. En réalité ils n'ont aucun lien de parenté.

4 D
1. Elle est plus détendue que lui mais il fait plus d'exercices qu'elle.
2. Mon professeur a écrit deux livres de plus que son collègue.
3. Ses aptitudes à l'écriture sont inférieures aux miennes.
4. La tempête a été plus mauvaise que je ne le pensais.
5. On a donné la meilleure note à l'étudiant le plus faible de la classe.
6. Il est plus agressif que vous ne (le) pensez.

7. John Wayne était une personne vraiment/extrêmement intéressante.
8. Des deux, c'est le plus faible.
9. Ma sœur est plus drôle que son mari.
10. Plus il pleut, moins la terre est capable d'absorber l'eau.
11. J'ai fait de mon mieux mais j'ai perdu.
12. Elle est devenue de plus en plus déprimée à mesure que l'hiver avançait.
13. Votre méthode est encore meilleure que la mienne.

Exercices 5A et 5B = réponses variées

Chapitre 5 L'imparfait Le plus-que-parfait

1 A
1. nous parlions
2. vous laviez
3. tu marchais
4. elle dansait
5. elles rougissaient
6. je définissais
7. il grandissait
8. nous réfléchissions
9. tu répondais
10. il attendait
11. ils pendaient
12. vous preniez
13. nous étions
14. j'étais
15. vous mangiez
16. ils faisaient
17. nous riions
18. vous étudiiez
19. tu croyais
20. nous voyions
21. il prononçait
22. j'allais
23. elles venaient
24. elle nageait
25. je me détendais
26. vous vouliez
27. tu pouvais
28. il se réveillait
29. il pleuvait
30. il neigeait
31. elles avaient
32. nous buvions
33. tu connaissais
34. elle disait
35. vous écriviez

1 B
1. j'étais
2. faisait
3. neigeait
4. j'avais
5. je voulais
6. je n'avais pas
7. mangeaient
8. regardaient
9. buvais
10. était
11. s'ennuyait
12. essayait

1 C
1. elle aimait
2. nous vivions
3. il pleuvait/elles n'avaient pas
4. il était/battait
5. Ils se sentaient
6. ne mangeaient pas/étaient
7. nous rendions visite
8. elle s'entraînait
9. j'étudiais
10. elle pleurait/pensait
11. C'était/nous nous voyions/nous voyagions/nous gagnions

1 D
1. Je prenais/a sonné
2. nous mangions/sont arrivés
3. elle conduisait/a eu lieu
4. Vous dormiez/est entré
5. Il était/a entendu

1 E
1. Elles savaient/voulaient
2. Je croyais/était/avait
3. Pensiez-vous
4. Il semblait/montraient
5. elle s'imaginait/pouvaient

Exercice IF = réponses variées

1 G
1. Il pleuvait/ont commencé
2. l'aimait/elle lui a enfin déclaré
3. souffrait/ont décidé
4. habitaient/ont déménagé

2 A
1. nous avions amené
2. elles avaient respecté
3. vous aviez acheté
4. il s'était agi
5. tu étais reparti
6. il était sorti
7. vous aviez entendu
8. j'avais compris
9. elles étaient devenues
10. nous avions bu
11. il avait eu
12. elles étaient rentrées
13. il avait neigé
14. j'avais été
15. tu avais lu
16. nous avions ri
17. elle s'était lavée
18. il s'en était allé
19. on avait perdu
20. vous aviez eu

2 B
1. nous sommes réveillés/étaient déjà partis
2. s'était déjà levé/a chanté
3. j'ai quitté/me suis rendu compte/j'avais laissé

2 C
1. nous avions oublié
2. elle n'avait pas enlevé
3. n'avait pas payé

2 D
1. avait fini
2. il avait nettoyé
3. s'était brossé

Exercice 2E = réponses variées

3 A
1. Si seulement j'avais fini à temps...
2. Si seulement elle avait su...
3. Si seulement il était resté à la maison/chez lui...
4. Si seulement tu lui avais pardonné...
5. Si seulement ils avaient étudié...

3 B
1. Ils n'avaient pas écrit ou téléphoné depuis deux ans quand ils ont appelé.
2. Marie n'avait pas parlé français depuis dix ans quand elle a commencé son cours.
3. Le poète n'avait pas écrit un seul poème depuis quatre ans quand il a commencé son chef-d'œuvre.

3 C
1. J'allais vous dire que je ne pouvais pas venir.
2. Les conflits entre les patrons et les travailleurs allaient devenir un problème chronique pendant la deuxième moitié du 19e siècle.
3. Nous venions de manger quand il est arrivé.
4. Elle venait de terminer ses devoirs.
5. Je faisais la vaisselle pendant qu'elle dormait.
6. Nous ne savions pas quelle heure il était.
7. Elle rendait visite à sa tante le vendredi.
8. Si nous allions faire des achats/magasiner(Québec) cet après-midi?

9. Je criais quand mon frère me montrait une grosse araignée.
10. Ils avaient l'air fatigué(s) quand je les ai vus.
11. Il écrivait une lettre quand je suis entré(e).

3 D
1. Il me téléphonait tous les soirs.
2. Quand j'étais jeune, j'aimais faire du patinage sur l'étang.
3. Elle parlait continuellement/sans cesse de ses enfants.
4. J'allais souvent à la montagne pour me reposer.
5. Elle était souvent malade pendant sa grossesse.

Exercices 4A, 4B, 4C = réponses variées

3 E
1. Elle a renvoyé le paquet qu'ils lui avaient envoyé.
2. Je croyais que tu avais perdu tes clés.
3. Ma mère avait encore les lettres que mon père lui avait écrites quand ils étaient à l'école secondaire/au lycée.

4 D
1. Ce matin-là
2. pendant
3. un peu plus tard
4. À ce moment-là
5. de nouveau
6. tout à coup
7. mais
8. pourtant
9. enfin

Chapitre 6
Les pronoms personnels

1 A
1. Elle
2. Il
3. Nous
4. Elle
5. C'
6. Il
7. Elle
8. Avez-vous
9. est-elle
10. va-t-il
11. ils
12. elle/il
13. Voudrais-tu
14. était-elle

1 B

1. Habillez-vous!
2. Tais-toi!
3. Ne te lève pas!
4. Ne nous disputons pas!
5. Elles se sont lavées
6. ils s'amusaient
7. Les enfants ne se battent pas.
8. nous nous souviendrons
9. nous nous promènerions
10. je me suis fatigué(e)
11. Anne ne se reposait pas.
12. Le curé s'en alla

1 C

1. Je vais lui acheter cette lampe.
2. L'avez-vous mise à la banque?
3. Je refuse de croire que tu lui parles tous les soirs.
4. Je lui ai demandé un peu d'argent.
5. Saluez-les de ma part quand vous allez les voir.
6. Il leur téléphonait le dimanche pour les convaincre de voter comme lui.
7. Cet enfant ne l'a jamais aimé.
8. N'oubliez pas de l'aider à le monter.
9. Tu l'as notée?
10. Tu l'as pris?
11. On ne va jamais la revoir?
12. Je vais leur parler.

1 D

1. Oui, je vais y répondre.
2. Oui, elle y a déjà répondu.
3. Si, je peux y répondre.
4. Non, ils n'y jouent jamais.
5. Non, je n'aime pas y jouer.
6. Oui, j'y tiens beaucoup.
7. Oui, ils y passent beaucoup de temps.
8. Non, Brian Mulroney n'y habite plus.
9. Non, je n'y ai pas encore réfléchi.
10. Oui, j'ai l'intention d'y vivre.
11. Non, la bonne n'y a pas remis l'argenterie.
12. Non, le voleur n'y a pas caché son butin.
13. Oui, nous devons y aller.
14. Non, je n'y vais pas cette année.
15. Non, elle n'y faisait pas attention.

1 E

1. Oui, j'y suis déjà allé(e). Non, je n'y suis pas encore allé(e).
2. Oui, j'y suis déjà allé(e). Non, je n'y suis pas encore allé(e).
3. Oui, j'y suis déjà allé(e). Non, je n'y suis pas encore allé(e).

1 F

1. Je lui ai parlé à propos de mon opération.
2. Les parents doivent leur apprendre comment se comporter.
3. Il n'aime pas y penser.
4. Cette fille est tellement bavarde qu'elle leur téléphone tous les soirs.
5. Je ne m'y attendais pas.
6. J'y pense.

1 G

1. Non, les végétariens n'en mangent pas.
2. Oui, j'en prends pour commencer.
3. Oui, ils en boivent beaucoup.
4. Non, ils n'en ajoutent pas aux plats qu'ils préparent.
5. Oui, j'en serai content.
6. Non, je n'en ai pas envie.
7. Oui, je crois qu'elle en a trop.
8. Non, je n'en ai pas besoin pour faire les courses.
9. Oui, j'en suis triste.
10. J'en ai visité deux.
11. Oui, Proust en est l'auteur.
12. Oui, il en revient.
13. Oui, je crois qu'un jour elle en reviendra.
14. Non, elle n'en est pas satisfaite.

1 H

1. lui
2. moi
3. Toi
4. elle-même
5. vous
6. elle
7. eux
8. elle
9. soi
10. eux
11. soi-même
12. lui/eux
13. d'elles

1 I

1. Elle
2. vous/eux
3. ils
4. il/lui/y
5. leur
6. ils
7. elles

1 J

1. objet direct du verbe *lire*
2. objet direct du verbe *acheter*
3. attribut du verbe *être*
4. objet direct du verbe *s'entendre*/objet indirect de *s'écrire*
5. objet indirect du verbe *penser*
6. objet de la préposition *de*
7. complément circonstanciel d'accompagnement
8. en apposition au pronom *vous*
9. attribut du verbe *être*
10. objet direct du verbe *s'habiller*
11. sujet du verbe *penser*
12. sujet du verbe *s'exclamer*
13. sujet du verbe *avoir*

1 K

1. On l'y a trouvée le lendemain.
2. Ils les y inscrivent.
3. Je lui en ai parlé.
4. Elle leur en donne souvent.
5. Ils l'y invitent parfois.
6. Le garçon leur en apporte.
7. Vous les y avez mises?
8. Donne-les-lui!
9. Expliquez-la-leur.
10. Ne lui en parle pas.
11. Ne les leur envoyez pas.

2 A

1. Aidez-moi!
2. Prête-moi ton manuel, s'il te plaît. J'ai perdu le mien.
3. Allez-vous m'écrire quand vous serez parti?
4. Je leur parlais tous les jours, mais ensuite nous avons perdu contact.
5. Achetez-m'en deux au magasin.
6. Elle nous a invités à sa fête.
7. Dites-moi quelque chose. Votre silence est insupportable.
8. Il le leur a fait apprendre par cœur.
9. Vous ont-ils répondu?
10. Est-ce que tu penses qu'ils vont l'accompagner en Europe?
11. Les enfants croient tout ce que les adultes leur racontent.
12. Envoyez-le les chercher.
13. Elle ne les laisse pas sortir.
14. Ne lui prêtez jamais votre voiture. Il ne sait pas conduire.

2 B

1. A-t-elle besoin de l'argent de son père? Oui! Elle en a besoin.
2. Profitez de votre liberté! Profitez-en!
3. A-t-il de l'ambition? Non, il n'en a pas beaucoup.
4. Ne fume pas tant de cigares. N'en fume pas tant.
5. Parlez-moi de votre voyage. Parlez-m'en.

2 C

1. Amusez-vous bien!
2. Ne nous levons plus si tôt!
3. Si nous nous rencontrions au Café Richard vers quatre heures.
4. Ils s'écrivaient beaucoup de lettres.

5. Nous nous sommes promenés avant le dîner.
6. Elle s'est dépêchée, mais elle a quand même manqué l'autobus.
7. Ne vous aimez-vous plus?
8. Asseyez-vous et taisez-vous!

2 D

1. Demandez-lui le prix.
2. Je cherche mon cahier.
3. L'attendrez-vous si elle est en retard?
4. Écoute ta mère. Elle a toujours raison!
5. La voici!
6. Les voilà, les deux acteurs les plus célèbres de Hollywood.
7. Plusieurs d'entre eux sont arrivés en retard.
8. Beaucoup d'entre eux ne voulaient plus continuer la guerre.
9. Quelques-uns d'entre vous devront renoncer à vos privilèges.
10. Chante-le toi-même!
11. Faites-le vous-même; j'ai du travail à faire.
12. Je te/vous promets que c'est vrai.

Exercices 3A et 3B = réponses variées

Chapitre 7
Le futur
Le conditionnel

1 A

1. tu ne marcheras pas
2. vous enseignerez
3. elle aimera
4. nous servirons
5. on ne partira pas
6. je réussirai
7. vous apprendrez
8. tu construiras
9. nous ne suivrons pas
10. elles s'amuseront
11. tu ne te reposeras pas
12. je me tromperai

1 B

1. nous paierons/payerons
2. tu ne céderas pas
3. elles jetteront
4. je n'achèterai pas
5. ils essayeront
6. elles appelleront
7. vous mènerez
8. tu ne nettoieras pas
9. on pèlera
10. il commencera

1 C

1. vous battrez
2. tu ne liras pas
3. nous dirons
4. elles boiront
5. ils fuiront
6. on plaira
7. je ne peindrai pas
8. elle résoudra
9. tu enverras
10. il mourra
11. nous devrons
12. je m'assiérai/je m'assoirai
13. on ne pourra pas
14. il pleuvra
15. il faudra
16. je n'irai pas
17. nous ne verrons pas
18. tu auras
19. elle sera
20. vous ferez

1 D

1. nous serons
2. Elle fera
3. Vous vous divertirez
4. il pleuvra
5. Elles n'apprendront jamais
6. Tu t'assiéras/Tu t'assoiras
7. elles pleureront
8. Je verrai

1 E

1. vous arriverez
2. Il sera/il comprendra
3. tu t'endormiras/je lirai
4. parlera/écouterai
5. vous voudrez
6. tu te réveilleras/prépareras

1 F

1. j'ai/mangerai
2. ne pleut pas/nous promènerons
3. est/il ne reviendra pas
4. comprend/fera
5. donne/nous plaindrons

1G = réponses variées

1 H

1. Vous finirez vos devoirs ce soir.
2. Vous me montrerez le brouillon de votre dissertation avant de partir.
3. Vous ne parlerez de mes idées à personne.
4. Tu écriras une lettre à ta grand-mère pour la remercier.
5. Tu feras la vaisselle et tu rangeras ta chambre ce soir.

1 I

1. Nous allons manger...
2. Je ne vais pas passer...
3. Allez-vous accepter/Vas-tu accepter...
4. Elle va se coucher...

2 A

1. j'aurai chanté
2. nous aurons soigné
3. on aura regardé
4. il n'aura pas rougi
5. on aura arrondi
6. elle aura agi
7. vous serez parti(e)(s)
8. ils auront fait
9. elles ne seront pas allées
10. je ne serai pas venu(e)
11. les oiseaux se seront envolés
12. tu te seras emballé(e)
13. ils ne seront pas enivrés
14. elles se seront pressées
15. il sera devenu
16. nous aurons craint
17. ils n'auront pas péri
18. tu te seras mépris(e)

2 B

1. J'irai/j'aurai écrit
2. aura déjà quitté/reviendront
3. nous aurons fini/nous sortirons
4. aura compris/il ne traversera plus
5. aura gagné/prendra

Exercices 2C, 2D, 2E et 2F = réponses variées

2 G

1. I
2. W
3. I
4. W

3 A

1. je serais
2. nous remercierions
3. elle ferait
4. tu n'irais pas
5. il croirait
6. elles partiraient
7. je ne voudrais pas
8. on perdrait
9. ils espéreraient
10. elles achèteraient
11. nous appellerions
12. on ne travaillerait pas
13. tu te laverais
14. ils ne s'entendraient pas
15. elles s'écriraient
16. ils s'aimeraient
17. nous payerions/paierions
18. je n'essuierais pas
19. elle jetterait
20. tu ne verrais pas

3 B

1. ils préféreraient
2. saurais-je
3. Je le ferais
4. je ne dirais pas
5. il donnerait

3 C

1. il refuserait/il soupçonnait
2. elle viendrait/elle avait
3. expliquerais/demandaient
4. écoutaient/comprendraient
5. allait/dépenserait

3 D

1. Pourriez-vous m'indiquer la rue du Mont Blanc?
2. Voudrais-tu sortir avec moi?
3. Vous devriez vous arrêter de boire autant de bière.
4. Pourrais-tu m'aider avec mes devoirs?

Exercice 3E = réponses variées

3 F

1. aimerait (S)
2. seraient (F)
3. obtiendrait (F)
4. voudraient (S)
5. serait/serait (F)

4 A

1. nous aurions révélé
2. elles se seraient levées
3. Marie ne serait pas allée
4. on aurait fait
5. ils auraient rendu
6. elles auraient ouvert
7. tu n'aurais pas voulu
8. je n'aurais pas pu
9. elle aurait envoyé
10. elles se seraient senties
11. tu aurais eu
12. on aurait regardé
13. je n'aurais pas dessiné
14. la mer aurait démoli
15. les jumeaux se seraient battus

4 B

1. j'avais eu/j'aurais connu
2. vous étiez dépêché(e)(s)/vous n'auriez pas manqué
3. tu n'étais pas arrivé(e)/tu aurais rencontré
4. nous serions venu(e)s/nous avions su
5. Vous ne vous seriez pas levé(e)s/s'il avait fait

Exercice 4C = réponses variées

4 D

1. aurait brûlé
2. aurait abattu
3. aurait tué
4. aurait causé

Exercice 5 = réponses variées

6 A

1. Si j'ai sommeil, je ferai la sieste/un petit somme.
2. Le feront-ils?
3. Leur écrira-t-elle?
4. Il part/va partir dans quelques jours.
5. La représentation va commencer/commencera dans cinq minutes.
6. Si je gagne à la loterie, j'achèterai une voiture neuve.

6 B

1. Paul étudiera fort en vue de ses examens. Je le connais!
2. Je vais téléphoner à ma mère cette fin de semaine/ce week-end.
3. Ils ne vont pas prendre/Ils ne prendront pas de vacances cette année.
4. Marie va tomber malade si elle ne porte pas de manteau.
5. Elle travaille souvent tard au bureau.

6 C

1. Quand tu arriveras à Londres, téléphone-moi.
2. Quand tu voudras me parler, je t'écouterai.
3. Dès que/Aussitôt qu'ils/elles seront prêt(e)s, nous partirons/nous nous mettrons en route.
4. Il nous téléphonera dès que/aussitôt que la réunion sera terminée/dès la fin de la réunion.

6 D

1. Apportez/Apporte un parapluie au cas où il pleuvrait.
2. Je te prêterai mon manuel au cas où tu en aurais besoin en fin de semaine.
3. Je vous payerai maintenant au cas où je ne vous verrais pas cet/cette après-midi.

6 E

1. Vous devriez vous reposer/Tu devrais te reposer maintenant car/parce que nous sortons plus tard.
2. Les enfants devraient respecter leurs aînés.
3. Ils devraient aller à l'église.
4. Vous devriez travailler plus fort/avec plus d'acharnement.

6 F

1. Nous pourrions l'aider.
2. Elle ne pourrait jamais voyager seule.
3. Ils/Elles pourraient le faire.
4. Pourrait-il nous l'envoyer/expédier?

6 G

1. Je n'y serais pas allé(e).
2. Il n'aurait pas été si heureux de partir.
3. Au cas où elle ne serait pas venue ce jour-là, j'étais prête à faire l'exposé oral sans elle.

6 H

1. Vous auriez/Tu aurais pu me le dire.
2. Vous auriez/Tu aurais pu faire un effort.
3. L'enfant aurait pu se noyer si vous n'aviez pas été là.

6 I

1. Elle aurait dû écouter ses parents.
2. Il aurait dû étudier plus fort/avec plus d'acharnement en vue de son examen final.
3. Nous n'aurions pas/On n'aurait pas dû partir avant tout le monde.

6 J

1. I   2. C   3. C   4. I

6 K

1. Il n'a pas voulu/ne voulait pas participer à la course.
2. Elle n'a pas voulu/Elle ne voulait pas me dire/confier son secret.
3. Ils/Elles ne pouvaient pas comprendre l'exercice.
4. Elle a essayé de se tenir debout sur ses patins mais elle n'a pas pu.
5. Pourriez-vous m'indiquer l'heure s'il vous plaît?
6. Pourriez-vous m'indiquer comment je peux me rendre à la banque?
7. J'aurais bien aimé y être.
8. J'aimerais bien qu'il s'arrête de pleuvoir.
9. J'aimerais bien pouvoir partir.
10. Vous auriez dû dire quelque chose.

Exercices 7A et 7B = réponses variées

Chapitre 8
Les démonstratifs
Les possessifs
Les indéfinis

1 A
1. ce
2. cette
3. ces
4. ce
5. ces
6. cet
7. ce
8. ces
9. ces
10. cette

1 B
1. celle-là
2. celui-là
3. celles-là
4. ceux-là
5. celle-là
6. ceux
7. celle
8. ceux
9. celui
10. celle

1 C
1. Celle
2. Celui
3. celle
4. ceux
5. ceux
6. ceux

1 D
1. celle-ci
2. cette époque-là
3. ce poème-ci/celui-là
4. Ces appartements-ci/ceux-là
5. À ce moment-là
6. Ce mois-ci
7. Ces enfants-ci

1 E
1. celles-ci/celles-là
2. celles-ci/ceux-là
3. ceux-ci/ceux-là

1 F
1. Ceci
2. cela
3. ceci
4. Ceci
5. Cela

1 G
1. ce dont
2. Ce qu'elle
3. ce que
4. Ce qui
5. Ce dont

1 H
1. C'est
2. C'est/c'est
3. Il est
4. C'est
5. Il est
6. Il est
7. Il est
8. C'est
9. C'est
10. il est

2 A
1. mon
2. Sa
3. Mon
4. ton
5. leur
6. nos
7. votre
8. mes
9. leur/leurs
10. Mes
11. Mon
12. ton
13. mon/son/notre/leur
14. son
15. sa
16. ses

2 B
1. au tien
2. les siens
3. le leur
4. de la sienne
5. les vôtres
6. la sienne
7. les leurs
8. le leur
9. les siennes
10. le mien
11. au sien
12. la vôtre
13. aux siens

2 C
1. à elle
2. à lui
3. à moi
4. à moi
5. à nous
6. à eux/à elles
7. à vous
8. à toi

2 D
1. ses
2. la/la/les
3. la
4. le
5. le
6. les
7. sa
8. la
9. le
10. la
11. au
12. le

2 E
1. sa
2. ses
3. son
4. ses

2 F
1. a. C'est son bracelet.
   b. Le bracelet est à elle/à Michèle.
   c. C'est le sien.
2. a. C'est son château.
   b. Le château est à lui/au baron Flandrin.
   c. C'est le sien.
3. a. C'est sa Mercedes.
   b. La Mercedes est à Madame Leblanc.
   c. C'est la sienne.

3 A
1. Pas un
2. N'importe qui
3. Certains
4. Je n'ai aucune idée
5. Personne
6. à personne
7. personne
8. l'autre personne
9. autre chose
10. n'importe quel poème
11. Quoi qu'elle
12. maintes fois
13. Plus d'un
14. Toutes
15. Nul/Aucun
16. différentes
17. Chaque
18. On dit
19. quelque chose
20. Tous les deux
21. Tel, tel
22. Quoi que
23. qui que vous voulez
24. quelques
25. mêmes

Exercice 3B = réponses variées

4 A
1. Ce fromage-là est délicieux!
2. Cet enfant-là me rend fou/folle!
3. Cette robe-là vous va à merveille!

4 B
1. C'est un grand succès!
2. C'est faux.
3. Ce sont des jumeaux/jumelles.
4. C'était lui qui avait menti.
5. Ouvre/Ouvrez la porte, c'est moi!
6. Je ne veux parler à personne à moins que ce soit mon psychiatre.

4 C

1. Ça suffit!
2. À part cela/ça, tout va bien.
3. Le matin, je ne bois qu'une tasse de café.
4. Ça m'est égal. Faites ce que vous voulez./Fais ce que tu veux.
5. Cela m'est indifférent.

4 D

1. Elle a perdu son mari, sa sœur et son meilleur ami pendant la guerre.
2. Ils ont dû vendre leur maison, leur voiture et leurs livres quand ils ont fait faillite.
3. Au commissariat de police, on m'a demandé d'écrire mon nom, mon adresse et mon numéro de téléphone sur la fiche.

4 E

1. Cette porte/Cette porte-là est cassée.
2. Cette table/Cette table-ci est nouvelle.
3. J'aime cette robe-ci, mais pas celle-là.
4. Elle a volé ces papiers/ces papiers-ci.
5. Nous avons acheté ces plantes/ces plantes-là.
6. Défense de fumer dans ce bâtiment.
7. J'ai choisi celui que tu as/vous avez indiqué.
8. Lesquels veulent-ils/veulent-elles?
9. Lequel a été volé?
10. Il fait froid aujourd'hui.
11. C'est l'heure de partir, le taxi nous attend.
12. C'est sa chambre (à elle)?
13. C'est son argent à elle ou son argent à lui?
14. Il a manqué son autobus/bus.

Exercices 5A et 5B = réponses variées

Chapitre 9
Le subjonctif

1 A

1. nous dansions
2. vous mangiez
3. tu chantes
4. il vende
5. elles entendent
6. nous attendions
7. vous réfléchissiez
8. tu ne rougisses pas
9. je me divertisse
10. vous n'obéissiez pas

1 B

1. tu paies
2. vous peliez
3. nous placions
4. nous mangions
5. je n'amène pas
6. ils répètent
7. on essuie
8. vous n'achetiez pas
9. cela pèse
10. nous appelions

1 C

1. vous concluiez
2. tu conclues
3. nous battions
4. je ne batte pas
5. elle coure
6. vous ne couriez
7. tu acquières
8. nous acquérions
9. vous vous asseyiez/assoyiez
10. on s'asseye/assoie
11. elles conduisent
12. tu conduises
13. il ne connaisse pas
14. vous connaissiez
15. vous craigniez
16. tu craignes
17. il dise
18. nous disions
19. tu n'écrives pas
20. vous écriviez
21. nous lisions
22. je lise
23. on mette
24. elles mettent
25. elle ouvre
26. nous ouvrions
27. tu peignes
28. vous peigniez
29. il plaise
30. ils plaisent
31. nous résolvions
32. elle résolve
33. je ne rie pas
34. vous riiez
35. on suive
36. vous suiviez
37. nous vivions
38. je vive

1 D

1. ils doivent
2. vous deviez
3. tu ailles
4. vous alliez
5. elles boivent
6. vous buviez
7. elle croie
8. vous croyiez
9. on fuie
10. vous fuyiez
11. on meure
12. vous mouriez
13. ils prennent
14. vous preniez
15. elles reçoivent

16. vous receviez
17. ils viennent
18. vous veniez
19. je voie
20. vous voyiez
21. tu veuilles
22. vous vouliez
23. on tienne
24. vous teniez

1 E

1. fasses
2. puissent
3. sache
4. sachiez
5. fassiez
6. puissions

1 F

1. soyez
2. sois
3. aient
4. soit
5. ayons
6. soit
7. aies

2 A

1. elle soit descendue
2. nous nous soyons promené(e)s
3. il ait neigé
4. ils aient construit
5. tu aies dormi
6. se soit plainte
7. on n'ait pas demandé
8. nous soyons arrivé(e)s
9. ils soient partis
10. il n'ait pas tué

2 B

1. soyez venu(e)(s)
2. ait dit
3. n'ayons pas terminé
4. n'aie pas aimé
5. soient parties
6. n'ait pas vérifié
7. se soit rasé
8. aies fait

3 A

1. <u>consentent pas à ce que</u>/se marie
2. <u>J'aime mieux que</u>/obéisse
3. <u>Il est préférable que</u>/pleuve
4. <u>Je consens à ce que</u>/fasse
5. <u>Nous voudrions que</u>/disiez
6. <u>Je ne tolérerai pas que</u>/parles
7. <u>On s'oppose à ce que</u>/augmente
8. <u>Il vaut mieux que</u>/ne te fasses pas
9. <u>Je comprends que</u>/soyez
10. <u>Je voudrais que</u>/aillent

3 B

1. avons
2. deviendra
3. est
4. sois

3 C
1. finisse
2. sachiez
3. finisse
4. changiez
5. suive
6. puisse
7. neige/pleuve
8. gagne
9. remerciez
10. fermions

3 D
1. s'écroule
2. passe
3. comprenne
4. se trahissent
5. ayez
6. prenne
7. vous comportiez

3 E
1. vous trompiez
2. a
3. aie
4. démissionne

3 F
1. soit
2. gagne
3. puissent

Exercices 3G et 3H = réponses variées

3 I
1. viennent
2. ne buviez plus
3. nous voyions
4. meure
5. permette

3 J
1. ne pas pouvoir
2. ait détruit
3. quitter
4. marche

3 K
1. ait trop mangé
2. achètes
3. entende
4. payiez
5. te taises
6. sonne
7. puissions
8. soit

Exercice 3L = réponses variées

3 M
1. viennent
2. soit

3. écrive
4. puisses
5. soit
6. veuillent
7. aura
8. êtes
9. est
10. faut

Exercice 3N = réponses variées

3 O
1. puisse
2. sache

3 P
1. aie jamais mangé
2. puisse
3. connaisse

3 Q
1. sache
2. ait
3. puisse

4 A
1. sois
2. sache
3. vienne

4 B
1. te sois marié(e)
2. ait neigé
3. ait été

4 C
1. aient triché
2. ait laissé
3. n'ayez pas oublié
4. ayons rendu
5. ait neigé
6. ait obtenu

5 A
1. Vive la reine!
2. Que personne ne bouge!
3. Eh bien, qu'il entre.
4. Qu'ils attendent!
5. Que Dieu te/vous pardonne.

5 B
1. Le directeur cherche une femme qui puisse jouer ce rôle.
2. Je cherche un(e) professeur(e) qui puisse m'expliquer le subjonctif.

5 C
1. J'ai peur qu'ils soient fâchés.
2. Il faut que tu comprennes ce concept.
3. Je suis furieux que tu aies dit cela à mon petit ami!
4. Il est peu probable que mon équipe gagne.

5. Vive le prince!
6. La princesse Diana a été obligée de quitter le palais de Buckingham.
7. Elle voulait partir. Elle était très malheureuse.
8. Je suis heureux/heureuse de pouvoir vous aider.
9. Ils exigent que tu parles/vous parliez.
10. Veux-tu/Voulez-vous parler?
11. J'attendrai jusqu'à ce que vous vous taisiez avant de parler.
12. Je suis triste que tu partes/vous partiez.
13. Nous sommes tellement heureux que nos parents retournent en Colombie-Britannique.
14. Nous étions surpris de découvrir qu'il avait escroqué notre argent.

Exercices 6A et 6B = réponses variées

Chapitre 10
Les adjectifs et pronoms interrogatifs
Les pronoms relatifs

1 A
1. Quelle
2. Quelle
3. Quel
4. Quels
5. Quelles
6. Quel
7. Quelle
8. Quel
9. Quelle
10. Quel
11. Quelles
12. Quelle
13. Quelle
14. Quels

1 B
1. brûlés
2. choisis
3. réparée
4. détruites
5. rejetées

1 C
1. À
2. De
3. Avec
4. Par
5. De

1 D

1. Lequel
2. lequel
3. Lequel
4. laquelle
5. auquel
6. à laquelle
7. duquel
8. À laquelle
9. à laquelle
10. auquel

1 E

1. Qu'est-ce que
2. Qu'est-ce que
3. Qu'est-ce que
4. Qu'est-ce que
5. Qui est-ce qui
6. Qui est-ce qui
7. Qui est-ce qui
8. Qui est-ce qui
9. À quoi est-ce que
10. À quoi est-ce qu'
11. De quoi est-ce que
12. Qu'est-ce qu'
13. Qu'est-ce qu'
14. Qu'est-ce que
15. Qui est-ce que
16. Qui est-ce que

1 F

1. Que
2. Qui
3. À quoi
4. Qui
5. Qu'
6. quoi
7. qui
8. Qui
9. qui

2 A

1. que
2. dont
3. que
4. qui
5. qui
6. dont

2 B

1. qui/auquel
2. quoi
3. à qui/auxquels
4. laquelle
5. duquel
6. quoi
7. qui/laquelle
8. laquelle
9. duquel
10. auxquels

2 C

1. lesquels
2. laquelle/qui
3. lequel
4. lesquels
5. laquelle
6. laquelle

7. qui/laquelle
8. laquelle
9. lequel
10. laquelle

2 D

1. sujet/<u>voiture</u>
2. complément d'objet direct/<u>film</u>
3. complément circonstanciel/<u>l'année</u>
4. complément de la préposition *de* de l'expression verbale *avoir besoin de*/<u>livre</u>
5. complément circonstanciel/<u>politique</u>
6. complément circonstanciel/<u>homme</u>
7. complément d'objet indirect/pas d'antécédent
8. sujet/<u>lui</u>
9. complément circonstanciel/<u>ville</u>
10. complément circonstanciel/<u>porte</u>
11. sujet/pas d'antécédent
12. complément d'objet direct/pas d'antécédent
13. complément de la préposition *de* de l'expression verbale *avoir envie de*/pas d'antécédent

2 E

1. ce qui
2. Ce qui
3. qui
4. qui
5. ce qui

2 F

1. ce que
2. ce que
3. ce qu'
4. que
5. que

2 G

1. ce dont
2. dont
3. dont
4. Ce dont
5. ce dont

2 H

1. duquel
2. de qui/duquel
3. duquel
4. de qui/duquel
5. duquel

Exercice 2I = réponses variées

2 J

1. qui/lequel
2. qui/laquelle
3. laquelle
4. qui/laquelle
5. qui/lequel

3 A

1. Quelle expression ne comprenez-vous pas?
2. Quelle est la route la plus rapide pour aller à Edmonton?
3. Quelle explication a-t-il donnée pour son comportement bizarre?
4. Quel ordinateur ont-ils enfin choisi?
5. Quel était le prix de la toile la plus chère à la vente aux enchères?

3 B

1. Voici toutes mes notes. Desquelles as-tu besoin?
2. Lequel des deux manteaux achèterez-vous?
3. De tous les poèmes que nous avons lus aujourd'hui, lequel préfères-tu/préférez-vous?
4. Quelle voiture prendrons-nous pour aller à Toronto la semaine prochaine?
5. J'ai deux options. À laquelle penses-tu?

3 C

1. Qui a gagné la Coupe Stanley en 1975?
2. Qui va nous représenter aux Jeux olympiques?
3. Quel était le résultat de toutes ces négociations?
4. Que voulais-tu dire?

3 D

1. Elle m'a prêté tout ce dont j'avais besoin.
2. Tout ce que je veux c'est que tu sois heureux/heureuse.
3. Le jour où il est né, il y a eu un tremblement de terre.
4. Les enfants avec qui elle jouait étaient pauvres.
5. Le bruit que j'ai entendu était faux.
6. Je ne sais pas le jour où le mariage aura lieu.
7. C'était la semaine où il a plu tous les jours.
8. C'était la semaine où on a volé mon portefeuille/mon portefeuille a été volé.

3 E

1. C'était l'année où son père est mort.
2. C'était la semaine où ils se sont séparés.
3. C'est le restaurant où je l'ai vue pour la première fois.
4. C'était le jour où son deuxième enfant est né.

Exercices 4A et 4B = réponses variées

Chapitre 11
Les verbes pronominaux
Les expressions impersonnelles
La voix passive

1 A
1. nous nous lavons/nous ne nous lavons pas
2. il se réveille/il ne se réveille pas
3. vous vous mariez/vous ne vous mariez pas
4. je me brosse les dents/je ne me brosse pas les dents
5. ils se rasent/ils ne se rasent pas
6. elle se dépêche/elle ne se dépêche pas
7. tu te rappelles/tu ne te rappelles pas
8. on s'amuse/on ne s'amuse pas
9. nous nous souvenons/nous ne nous souvenons pas
10. tu te promènes/tu ne te promènes pas

1 B
1. Les enfants se sont souvent battus.
2. Nous nous sommes téléphoné.
3. Elles se sont écrit.
4. Je me suis promené(e) le soir.
5. Ils se sont séparés.
6. Tu t'es intéressé(e) à la musique.
7. Ils se sont rencontrés devant la banque.
8. Vous vous êtes assis(e)(s) sur des chaises.
9. On s'est levé tôt.
10. Nous nous sommes plaint(e)s de la nourriture.
11. Elle s'est cassé la jambe.
12. Je me suis cassé le bras.

Exercice 1C = réponses variées

1 D
1. Beer is not sold in grocery stores in Canada, except in Quebec.
2. It's obvious that she's very nervous.
3. Can you eat flowers?
4. That isn't done in this country.
5. You don't say things like that.
6. My name is Tricia.
7. This expression is only used rarely in France. It's more popular in Quebec.

1 E
1. s'est enfui
2. s'envolerait
3. se serait repentie/s'était sentie
4. s'écroule
5. se moqueront

1 F
1. RÉC
2. RÉC
3. RÉC
4. RÉF
5. RÉF
6. RÉC
7. RÉC
8. RÉF

1 G
1. FA
2. FA
3. A
4. FA
5. FA

Exercice 1H = réponses variées

1 I
1. la
2. le
3. les
4. le
5. les
6. le
7. les

1 J
1. Calm down!
2. We get up around eight o'clock.
3. We like to walk in the park.
4. I wake up early because of the trains.

Exercice 2A = réponses variées

2 B
1. non
2. oui
3. oui
4. non
5. oui
6. oui

3 A
1. Ce chien a été battu par cet homme.
2. Les biscuits ont été pris par cet enfant.
3. Cette voiture a été volée par deux adolescents.
4. Cet enfant a été mordu par un chien.
5. Leur héritage a été gaspillé par le fils du défunt.
6. La photographie a été inventée par deux Français, Daguerre et Niepce.
7. Le radium a été découvert par Marie et Pierre Curie.

3 B
1. Cet homme a battu ce chien.
2. Cet enfant a pris les biscuits.
3. Deux adolescents ont volé cette voiture.
4. Un chien a mordu cet enfant.
5. Le fils du défunt a gaspillé leur héritage.
6. Deux Français, Daguerre et Niepce, ont inventé la photographie.
7. Pierre et Marie Curie ont découvert le radium.

3 C
1. il sera trouvé
2. nous sommes appréciés
3. j'avais été battu
4. qu'ils aient été séparés
5. il sera capturé
6. tu es menacé
7. vous étiez attendu(e)(s)
8. je serai surpris(e)

3 D
1. a été couronnée
2. a été fondé
3. a été assassiné
4. a été colonisée
5. a été inondée
6. ont été détruites
7. a été finie
8. a été peint
9. a été écrite
10. a été tué

3 E
1. On a joué cette partition au concert.
2. On discutera cette idée à la réunion de la semaine prochaine.
3. On avait annoncé cette nouvelle publiquement.
4. On vend ce produit partout maintenant.
5. On ne légalisera jamais la marijuana au Canada.

3 F
1. VA
2. VP
3. VP
4. VP
5. VA

4 A
1. toujours pas
2. pas du tout
3. jamais
4. plus
5. guère
6. point
7. non plus
8. pas encore

4 B

1. Nous n'avons vu personne dans la rue.
2. Elle n'en a vendu aucune.
3. Rien ne me semble impossible en ce moment.
4. Vous n'avez rien à me dire?
5. Le chien n'a rien mangé.
6. Personne ne voulait me parler?

5 A

1. Je vais me marier le mois prochain.
2. Je vais me promener/faire une promenade à pied.
3. Nous allons nous ennuyer.
4. Vous croyez/Tu crois qu'il va se suicider?
5. Je ne crois pas qu'elle va se rappeler/se rappellera de nous.
6. S'il me demande de sortir avec lui, je vais m'évanouir.
7. Je ne crois pas qu'ils vont se plaindre.

5 B

1. Amusez-vous (bien)!
2. Dépêchons-nous.
3. Va te coucher!
4. Lave-toi les cheveux.
5. Brossez-vous les dents.
6. Ne nous levons pas trop tôt demain matin.
7. Ne vous découragez pas.

5 C

1. Elle se fâche.
2. Ils se divorcent.
3. Ils se marient.
4. Nous nous impatientons.
5. Il se fâche facilement.

5 D

1. On a assassiné plusieurs présidents américains.
2. On a enlevé (kidnappé) cinq enfants.
3. On a décoré plusieurs soldats.
4. On aurait nettoyé les tapis./Les tapis auraient été nettoyés.
5. On parle espagnol/L'espagnol se parle au Mexique.
6. Son livre a été publié./On a publié son livre.
7. On ne porte plus les mini-jupes./Les mini-jupes ne se portent plus.
8. Sa voiture a été heurtée par un camion.

5 E

1. Ils n'étudient pas très fort non plus.
2. Je ne peux trouver mon portefeuille nulle part.
3. Tu n'as toujours pas nettoyé ta chambre.

4. Je crois que non.
5. Ne dis jamais cela!

5 F

1. Je n'ai pas un seul livre d'art dans ma collection.
2. Nul politicien ne prêterait son appui à un tel projet.
3. Je n'avais aucune idée à propos de ce qu'il voulait dire.
4. On ne permettra pas à aucun enfant de quitter l'école sans autorisation spéciale.

Exercices 6A et 6B = réponses variées

Chapitre 12 Les infinitifs Les participes Le discours indirect

1 A

1. conduire
2. me protéger
3. vendre
4. faire
5. être/rentrer
6. te raser
7. pouvoir
8. Aimer
9. réfléchir
10. Faire la guerre

1 B

1. mourir
2. avoir
3. venir
4. se lever
5. falloir
6. pleuvoir/plaire
7. faire
8. aller
9. joindre
10. se plaire

1 C

1. Le piano qu'elle adore va être vendu par son beau-père.
2. Cet enfant va être puni par son père.
3. Ce tableau va être acheté par un millionnaire.
4. Ce livre va être publié par une maison d'édition réputée.

Exercice 1D = réponses variées

1 E

1. m'avoir embrassé
2. avoir mangé
3. avoir fermé la porte à clef
4. nous être détendu(e)s
5. avoir vu

1 F

1. Ne pas avoir eu
2. être arrivé(e)
3. avoir analysés
4. avoir invité(e)s
5. avoir fait des reproches

1 G

1. avoir pris
2. avoir connu
3. avoir haï
4. avoir fini
5. s'être éloignés
6. s'être inscrites
7. avoir conclu
8. avoir battu
9. avoir su
10. être allé

Exercice 1H = réponses variées

1 I

1. vivre
2. danser
3. donner naissance à
4. être
5. acheter

1 J

1. à
2. à
3. de
4. (pas de changement)
5. (pas de changement)
6. à
7. de
8. (pas de changement)
9. de
10. à

Exercice 1K = réponses variées

1 L

1. à
2. de
3. de
4. de
5. à
6. à
7. à
8. de
9. de
10. à

1 M
1. lever du soleil
2. savoir faire
3. faire-part
4. le pouvoir
5. parler

Exercice 1N = réponses variées

1 O
1. mélanger
2. ajouter
3. couper
4. saupoudrer
5. mettre
6. cuire au four

1 P
1. m'humilier
2. s'être assis
3. comprendre
4. avoir mangé
5. travaillant

2 A
1. marchant
2. étant
3. sachant
4. voyant
5. devenant
6. faisant
7. essuyant
8. tombant
9. se levant
10. ayant
11. dormant
12. finissant
13. lisant
14. buvant
15. s'aimant

2 B
1. ayant pris
2. ayant pleuré
3. étant descendu(e)
4. ayant volé
5. ayant regardé
6. s'étant déshabillé(e)(s)
7. ayant écrit
8. s'étant suicidé(e)(s)
9. ayant acheté
10. ayant voté

2 C
1. ayant été construit
2. ayant été trahi
3. ayant été bombardé
4. ayant été appris
5. ayant été attaqué
6. ayant été déçu
7. ayant été convaincu
8. ayant été nettoyé

2 D
1. étant parti
2. ayant perdu
3. étant tombé malade
4. s'étant levé
5. N'étant pas allée

2 E
1. le
2. la
3. leur
4. les

2 F
1. en traînant
2. en quittant
3. en donnant
4. en sacrifiant
5. en criant

2 G
1. perdants
2. résidents
3. adhérents
4. fabricants
5. participants

2 H
1. dansante
2. fatigant
3. provocante
4. suffocante
5. divergentes
6. précédent
7. stimulante

2 I
1. voulant
2. n'ayant pas
3. ne croyant pas
4. voulant

3 A
1. Pierre répond qu'il en a marre.
2. Le premier ministre déclare qu'il fera tout son possible pour améliorer les conditions économiques de ce pays.
3. Le professeur dit que l'examen aura lieu le 30 mai.
4. Alison insiste qu'elle ne peut pas vous accompagner.
5. Ma femme m'annonce que nous allons avoir un bébé.

3 B
1. Mon patron me demande si je crois que je mérite cette promotion.
2. Son professeur lui demande s'il a fini sa composition écrite.
3. Le bibliothécaire me demande si j'ai rendu le livre.
4. Ma mère veut savoir si je suis malade.

3 C
1. Marie a déclaré qu'elle voulait devenir actrice.
2. Le musicien a dit qu'il aurait terminé le concert à 11 heures.
3. J'avais dit que j'avais gagné mais que je ne pouvais pas expliquer comment.
4. Elle disait toujours qu'elle le ferait quand elle serait riche.
5. Nous avons dit que nous nous étions mariés.

3 D
1. Les Leroux m'ont demandé ce que je pensais de leur pays.
2. Elle m'a demandé ce que j'étudiais à l'université.
3. Ma mère a demandé ce que je voudrais manger ce soir.
4. Mon père m'a demandé ce que je ferais de ma motocyclette puisque je n'avais plus de permis de conduire.
5. Il m'a demandé ce que je comptais faire cet été.

3 E
1. Je leur ai demandé qui avait gagné le match de football la veille.
2. Nous lui avons demandé ce qui l'avait rendu triste ce jour-là.
3. Je leur demande ce qu'il y a dans la boîte.
4. Elle lui a demandé qui il/elle aimait.
5. Ils m'ont demandé combien je gagnais à l'usine.
6. Il me demande où je suis né.
7. On me demandait pourquoi je parlais comme ça.
8. On m'a demandé avant-hier quand j'allais finir mon contrat.

3 F
1. Le concierge disait toujours de fermer la porte à clef en partant.
2. Le professeur a dit de lever la main si on savait la réponse.
3. Ma mère me dit souvent de me préparer pour l'avenir.
4. Le professeur nous a ordonné de ne pas parler pendant l'examen.
5. Je lui ai suggéré de ne pas oublier sa composition et d'être à l'heure.

3 G
1. J'ai dit à Paul que le gouvernement avait refusé de renouveler son contrat.
2. L'infirmière a dit à ma sœur que son mari était mort pendant la nuit.
3. Ma camarade de chambre m'a dit que mon père était venu me voir cet après-midi-là.

4. Elle m'a demandé si mon chien s'appelait Fido.
5. Elle s'est demandé si elle avait raison de ne pas accepter cette offre.

4 A

1. Je ne pense pas qu'il puisse le faire.
2. Je dois le leur expliquer.
3. Vous ne pouvez pas comprendre cela.
4. Il a dû le dire.
5. Je suis désolé(e) de ne pas avoir voté pour elle.

4 B

1. N'ayant pas assez d'argent, ils n'ont pas pu manger au restaurant.
2. Ne parlant pas le chinois couramment, ils/elles étaient souvent mal compris pendant/durant leurs vacances en Chine.
3. N'étant pas une personne très patiente, il l'a congédié sur-le-champ.
4. Ne voulant pas paraître ignorants des faits, il s'est tu.
5. Ne connaissant pas l'Angleterre comme moi, il ne savait pas que le climat ne lui conviendrait pas.

4 C

1. N'ayant pas terminé son doctorat, elle n'a pas pu trouver de travail dans son domaine.
2. N'ayant pas mangé tout ce qu'il y avait sur son assiette, il ne pouvait pas avoir de dessert.
3. N'ayant pas compris ce qu'elle voulait dire, j'ai posé une question stupide.
4. N'ayant pas voulu voyager avec eux, je suis resté(e) chez moi/à la maison et j'ai passé des vacances calmes et agréables.
5. Ne s'étant pas rasé ce matin-là, il avait l'air fatigué.

4 D

1. Je te/vous remercie de m'avoir aidé(e) quand/lorsque j'avais besoin de quelqu'un.
2. Au lieu d'étudier, nous avons regardé des films à la télé.
3. Je me destinais à la médecine mais j'ai changé d'avis.
4. Il est en train d'écrire ses mémoires.
5. Nous allons /On va manger dans cinq minutes.
6. Je les entends crier.
7. Elle nous a entendu soupirer et elle nous a demandé ce qui n'allait pas.
8. Le fait que vous êtes/tu es patient(e) va vous/t'aider à réaliser vos/tes ambitions.

Exercices 5A et 5B = réponses variées